ロジカル・プレゼンテーション

精准表达

让你的方案
在最短的时间内打动人心

[日] 高田贵久 著

宋晓煜 译

江西人民出版社

序　言

何为书面沟通的技术

提到书面沟通的技术，似乎会给人一种质朴且专业性较强的印象。但毫不夸张地讲，在商务场合，没有什么能力比沟通能力更为重要。究其原因，这个世界有许多优秀的计划因为缺乏书面沟通的技术而夭折。本书的主旨就是讲解如何能让策划方案成功通过的技巧，让大家避免在最后关头功亏一篑。如图0-1所示，商务人士若要顺利完成高难度任务，必须具备如下几种基本能力：

- 逻辑思考能力——组织语言的能力
- 验证假说能力——回答疑问的步骤
- 会议设计能力——总结讨论的技巧
- 制作商务文本能力——制作商务文本的步骤

本书以"提交方案"为切入点，整理归纳了上述四种基本能力。之所以没有将如今比较热门的"解决问题""分析""演讲"等作为切入点来整理本书的内容，是因为我深切地体会到："即使做到了有逻辑性地思考问题并解决问题，如果无法顺利传达给对方，就没有任何意义。即使演讲时口若悬河，若没有实质内容，也没有用。"

图0-1 本书的定位

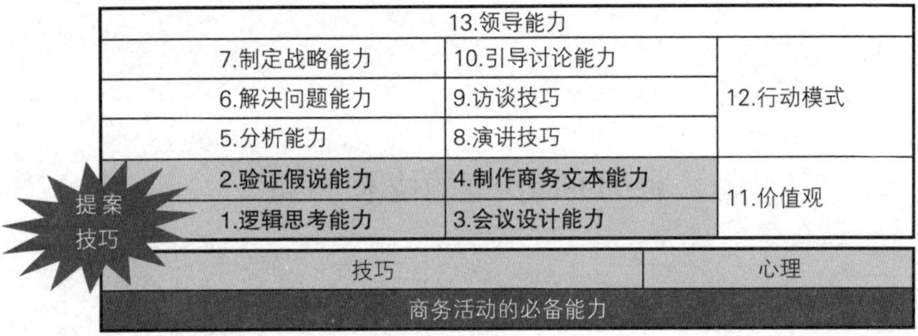

	13.领导能力		
7.制定战略能力	10.引导讨论能力	12.行动模式
6.解决问题能力	9.访谈技巧	
5.分析能力	8.演讲技巧	
2.验证假说能力	4.制作商务文本能力	11.价值观
1.逻辑思考能力	3.会议设计能力	
技巧		心理
商务活动的必备能力		

（提案技巧）

合理思考能力与妥当表达能力对于商务人士而言不可或缺。在兼具二者的同时，还应让二者保持平衡。

当然，逻辑思考能力和演讲能力也非常重要，同样需要加以锻炼，但这二者仅仅是手段而已。我们的目的是借由这些能力来思考事物的理想状态，将其准确传达给他人，进而促使人们朝着理想的目标行动，推动商务活动顺利进行，让企业、社会、世界变得更加美好。

● **本书的结构**

现在介绍一下本书的整体结构。

本书共7章，分别为序章、第1章~第5章、最终章（图0-2）。

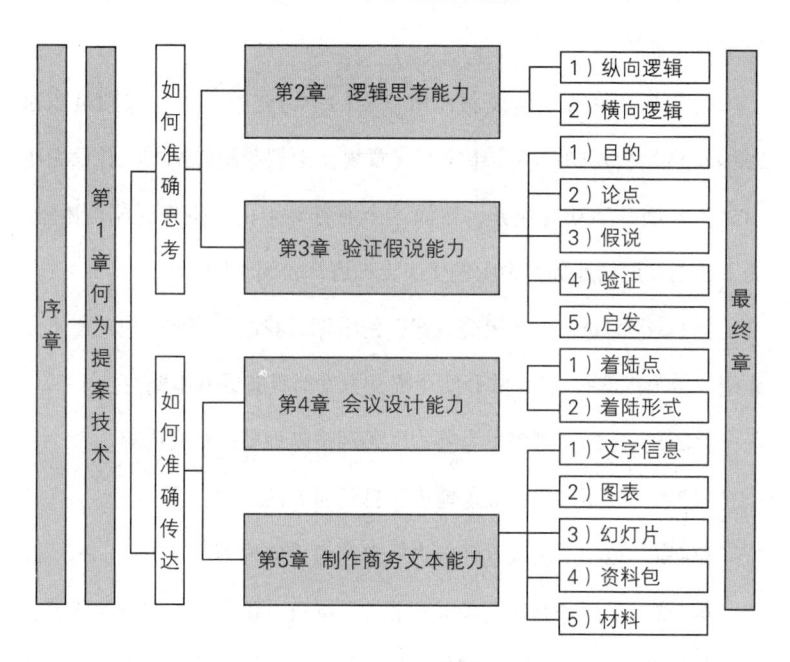

图0-2 本书的整体结构

```
序章 — 第1章 何为提案技术 — 如何准确思考 ┬ 第2章 逻辑思考能力 ┬ 1）纵向逻辑
                                        │                  └ 2）横向逻辑
                                        │
                                        └ 第3章 验证假说能力 ┬ 1）目的
                                                           ├ 2）论点
                                                           ├ 3）假说
                                                           ├ 4）验证
                                                           └ 5）启发
                       — 如何准确传达 ┬ 第4章 会议设计能力 ┬ 1）着陆点
                                    │                   └ 2）着陆形式
                                    │
                                    └ 第5章 制作商务文本能力 ┬ 1）文字信息
                                                          ├ 2）图表
                                                          ├ 3）幻灯片
                                                          ├ 4）资料包
                                                          └ 5）材料
— 最终章
```

每章都由"故事（STORY）""解说""总结（要点）"这三个部分组成。

为了让大家体会到商务现场的真实氛围，切实了解到问题的所在，我编造了一个贯穿全书的虚构"故事（STORY）"。

"解说"则以故事中发生的事件为题材，详细介绍了问题及解决方法。

"总结（要点）"则概括了"解说"部分中最为重要的内容。

接下来让我们看一下各章的内容概要。

序章　序章只有"故事",没有"解说"和"总结"。故事中有两位主人公登场。

一位是在京都上贺茂制作所任职的中山先生,另一位则是东京Precena咨询公司的户崎先生。在序章里,上贺茂制作所的社长命令中山先生开展一项新的业务,然而这个业务对中山先生来说相当困难。为了成功开展新业务,中山先生决定向咨询公司求助。

第1章　面对"必须提交方案"的情形,我们应当如何应对?本章介绍"何为提案技术",并介绍了提交方案需具备的基本能力。

第2章　运用"逻辑思考能力"条理清晰地整理提案内容。

第3章　运用"验证假说能力"打消对方的疑问。

第4章　运用"会议设计能力"总结讨论的内容。

第5章　运用"制作商务文本能力"准备有说服力的文章和图表。

最终章　中山先生与户崎先生全力以赴克服了种种困难。等待他们的是怎样的结局?——最终章介绍了故事的结局。

● 书面沟通的技术对谁有益

那么本书对哪类人有益?适用于哪些场合呢?详情如下。

1. 商务精英

无论是在公司内部还是外部,经常负责提交方案工作的是商务精英。本书几乎所有章节都对商务精英有所帮助,其中,第3章"验证假说能力"和第4章"会议设计能力"尤其有用。因为"验证假说能力"

能够发现对方的需求，适用于与客户交涉、与上司探讨的场合。除此以外，它还有助于商务精英向下属下达重点清晰的指令。而会议设计能力的使用频率则相当高，掌握了这项能力可以很大程度地提高会议的效率。

2. 职场新人

职场新人往往会接到上司的种种指令，他们必须把自己的工作安排妥当。本书第2章"逻辑思考能力"和第5章"制作商务文本能力"尤其适合职场新人。要把自己想说的内容条理清晰地明确传达给对方，"逻辑思考能力"是必不可少的。总结每日工作、传达有效信息则需用到"制作商务文本能力"。若是具备了"验证假说能力"和"会议设计能力"，那当然再好不过。但是这两种能力使用机会不多，因此安排在较后面的章节介绍。

3. 管理层、经营层

对于管理层、经营层的领导们来说，这本书最大的意义不是教会他们知识，而是提供给下属合适的"课本"。有的下属比较迟钝，跟他讲很多遍仍无法提交出令人满意的方案，这时就可以把本书交给下属，系统地指导下属学习提案技术，让他认识到自己的方案究竟哪些地方存在问题。从这个角度来讲，整本书都对领导有益。

其中，第2章"逻辑思考能力"和第3章"假说验证能力"尤其有用。想要让无法充分表达自己想法的下属认识到自己到底遗漏了哪些问题、逻辑上存在哪些漏洞，"逻辑思考能力"不可或缺。要让不懂上司指令的下属了解论点的内容以及所需的启发，则会用到"验证假说能力"。

4. 求职的学生

求职的学生需要在短时间内对商务活动有所了解，同时学习正确的工作方式。并且，找工作时如何向企业展示自己也是一门重要的学问。从这个意义来讲，磨炼书面沟通技术可以帮助学生找到合适的职位。通过阅读本书的"故事"，正在求职的学生们可以更加清楚地了解商务现场的真实氛围。第2章"逻辑思考能力"则能教会学生应该如何准确地表达自己的想法。

由此可见，本书适合各类读者。即使职位发生了变动，依旧可以从本书中找到新的适合的内容。

● **方案为何难以通过**

前文中大致介绍了本书的整体结构。在此，我想讲讲自己对"书面沟通技术"的理解。

在我看来，只有当思考能力和传达能力相互调和时，才能制作出优秀的方案。方案既不是没有根据的空想，也不是缺乏说服力的强制要求，而是将自己深入思考并认为正确的内容努力传达给他人。

多年以来，我参与了许多战略咨询项目，见过了众多企业的管理课题。现在，我作为日本某上市企业的管理层骨干，实际参与了企业的变革，也了解到了一个公司最深层的管理课题。两种工作让我发现企业中存在的众多问题的根源其实就是"缺乏沟通能力"。

我相信，只要大家都认真努力地思考问题并传达想说的内容，对方也认真理解方案的内容，那么无论哪家企业都能越做越强。这个道理同样适用于全世界。

很多人恐怕都曾经历过这样的场景：有着不同背景、不同价值观的员工们幻想着同事的思考模式应与自己相同，于是他们解说得马马虎虎，误以为双方已经互相理解并达成了共识。直到最后关头才发现双方的意见存在分歧，然而却为时已晚。有时运气比较好，工作推进到中途就已发现双方存在分歧，然而他们却把产生分歧的责任归咎到对方身上："为什么听不懂我说的话？都是对方的错。"

假如做到充分理解对方与自己不同，以建立清晰的逻辑为基础来思考问题，将思考的结果以简单易懂的方式传达给对方，像这样顺利地提出方案，想必就能解决所有分歧。

因为我见过太多商务人士在工作中饱受挫折，所以我真切地希望能够帮助他们顺利地推动商务活动，这也正是本书的写作背景。当然，我在写作时就把本书定位为教授商务技巧的实用型书籍。如果本书能帮助大家制作出更好的"方案"，为企业带来一些变革，为社会带来一些好的影响，那再好不过。

最后，本书的出版有赖于各方面的大力协助和支持。

万宝至马达株式会社（Mabuchi Motor Company）[1]的龟井慎二社长和Golbis株式会社[2]的堀义人董事长给我提供了宝贵的机会与考验。在此之前，我曾任职于理特咨询公司（Arthur D. Little）[3]，该公司的清水弘先生、小林忍先生、小西贤明先生都曾给予我很多帮助。

麦肯锡公司（McKinsy & Company）[4]的仙石慎太郎先生与我进行了各种讨论，为本书的出版提供了宝贵的启发性意见。Golbis株式会社的吉田素文先生，理特咨询公司的关伸彦先生、铃木裕人先生、德尾阳太郎先生，科尔尼管理咨询公司（A.T.Kearney）[5]的和田由可先生，Corporate Directions株式会社[6]的铃木宏尚先生，博思艾伦咨询公司（Booz Allen Hamilton）[7]的宇都宫崇人先生，贝恩咨询公司（Bain &

---

[1] 万宝至马达株式会社（Mabuchi Motor Company）是一家专业生产销售小型马达的公司。创立于1954年，总公司位于日本千叶县松户市。据点分布于美国、墨西哥、德国、中国、新加坡、越南、韩国等地。——译者注

[2] Golbis株式会社是日本的一家教育公司，创立于1992年，开办了Globis经营大学院大学（Graduate School of Management, GLOBIS University）。——译者注

[3] 理特咨询公司（Arthur D. Little）1886年创立于美国，总部位于波士顿，是世界上历史最为悠久的管理战略咨询公司。——译者注

[4] 麦肯锡公司（McKinsy & Company）是全球著名的管理咨询公司，由芝加哥大学杰姆斯·麦肯锡（James Mckinsey）教授于1926年创建，总部位于美国。——译者注

[5] 科尔尼管理咨询公司（A. T. Kearney）是全球著名的管理咨询公司，创立于1926年，总部位于美国芝加哥。——译者注

[6] Corporate Directions株式会社是日本的一家战略管理咨询公司，创立于1986年。

[7] 博思艾伦咨询公司（Booz Allen Hamilton）是全球著名的管理咨询公司，创立于美国弗吉尼亚州。——译者注

Company)①的池田靖勋先生，摩立特集团（Monitor Group）②的丸上琢也先生以及曾经任职于普华永道（PricewaterhouseCoopers）的稻田有美女士，都帮忙参与了本书的审阅工作。埃森哲公司（Accenture）③的木村知百合女士花费大量时间协助我完成了从企划构思到内容讨论、最终校正的过程。

英治出版公司的原田英治先生、和田文夫先生曾耐心十足地协助我完成初稿。

除此以外，还有许多人士为我提供了各种帮助。在此致以真诚的谢意。

高田贵久

---

① 贝恩咨询公司（Bain & Company）于1973年创立，总部位于美国波士顿，是全球著名的管理咨询公司。——译者注
② 摩立特集团（Monitor Group）由哈佛商学院的数位教授创立于1983年，是一家战略咨询公司。2013年1月被德勤（Deloitte）收购。——译者注
③ 埃森哲公司（Accenture）是全球最大的管理咨询公司，同时经营信息技术和业务流程外包等业务。——译者注

目　录

序　言　何为书面沟通的技术　1
　　本书的结构　2
　　书面沟通的技术对谁有益　4
　　方案为何难以通过　6

序　章　一个关于开展新业务的故事　1
　　STORY-0　创办新业务的任命　3
　　前途多艰的课题　3
　　向Precena咨询公司求助　4
　　成形的脚本　4
　　共同业务的启动　6

第1章　提交方案的技术　9
　　STORY-1　命运般的邂逅　11
　　中山先生的烦恼　11
　　难以理解的提案内容　13
　　从怀疑到期待　15
　　社长的反对　15

序节　磨炼提交方案的能力　17

每天都在提交方案　17
提交方案就要努力让方案通过　18
书面资料　20
制作书面资料的过程有利于理清自己的思路　21
书面资料可以让演讲者言之有物　22
如何提高书面沟通能力　23
合理思考所需的必要条件　25
妥当表达所需的必要条件　26
要点　书面沟通的技术　28

第 2 章　逻辑思考能力　29

STORY-2　中间报告的走向　31

不断高涨的紧张感　31
最初的疑问　33
报告会结束之后　38

序节　何为逻辑　39

逻辑的必要性　39
逻辑具体是指什么　40
对方不理解的情况包括两种　41
为何对方会问："真是这样的吗？"　43
纵向逻辑的理想状态　44
为何对方会问："只是这样吗？"　46
横向逻辑的理想状态　48

逻辑合理与否由对方判断 49

要点 何为逻辑 51

第1节 建立纵向逻辑 52

纵向逻辑薄弱的三个原因 52

如何消除导致纵向逻辑薄弱的因素 59

要点 建立纵向逻辑 60

第2节 建立横向逻辑 61

横向逻辑的组合 61

为何无法实现MECE状态 62

体会语言中的层次感 64

把不同角度的概念归拢到同一平面 65

如何实现MECE状态 69

完成横向逻辑 76

最终形成金字塔结构 77

要点 建立横向逻辑 79

第3章 验证假说能力 81

STORY-3 最终报告的失策 83

暴风雨前的宁静 83

户崎的提案要点 85

巨大的误会 86

留下的作业 88

序节 何为验证假说能力 89

逻辑思考的陷阱 89
"地毯式轰炸般提问"和"无凭无据的断言" 90
假说验证的五个步骤 92
要点　何为假说验证能力 94

第1节　理解目的 95

"讨论的立场"和"对方的要求" 95
讨论的立场包括两种 96
"逼迫"和"引导" 98
要求对方做判断 99
总结要更具体 101
感性思维不可或缺 102
结果是由对方决定 103
要点　理解目的 105

第2节　把握论点 106

何为论点 106
论点的具体案例 107
偏离论点的四种类型 109
如何把握论点 111
双方论点不一致的原因 113
要点　把握论点 116

第3节　构建假说 117

何为假说 117
关于假说的三种误解 118

为何需要假说　121
不要让对方过度思考　122
假说不可能凭空出现　123
构建假说时所需的信息和验证假说时所需的信息　125
构筑假说的三个步骤　127
扩大假说范围，提高假说的准确度　128
要点　构建假说　130

第4节　实施验证　131

证明假说　131
验证的陷阱　132
验证没有尽头　134
即使验证结果被认为是理所当然也没有关系　135
二八法则（八成理所当然，两成新发现）　136
采用确凿的事实根据　137
要点　实施验证　142

第5节　提取启发　143

何为启发　143
为何无法提交"答案"　146
世界没有那么单纯　147
不存在完美的事实根据　148
提取启发应注意三个要点　151
要点　提取启发　158

第4章　会议设计能力　159

STORY-4　开始交涉合作事宜　161
毫无反应的众人　161
意想不到的反对　162
咖啡馆内的反省　164

序节　何为会议设计　165
会议无聊的原因　165
无法设计会议的原因　166
设计会议时需注意两个要素　172
要点　何为会议设计　174

第1节　确定着陆点　175
"定位"与"输入/输出管理"　175
三种视角决定定位　176
避免拖拉式的讨论　179
搞错定位会被要求打回重做　181
管理好会议的"输入"与"输出"　182
"输入/输出管理"的诀窍　184
要点　确定着陆点　186

第2节　决定着陆形式　187
着陆形式因人而异　187
理解对方风格的三个诀窍　188
要点　决定着陆形式　193

第5章 制作商务文本的能力　195

STORY-5　未能通过的方案　197

序节　何为制作商务文本的能力　201

制作商务文本的五个步骤　201

用模板制作商务文本　204

"一目了然、不被误解"　206

不要违反人类的阅读习惯　206

需要删除三种类型的内容　208

要点　何为制作商务文本的能力　213

第1节　文字信息要简单明了　214

三行文字讲清内容　214

说明、事实、启发　215

文字信息的排列方式　217

如何书写文字信息　218

书写文字信息时的三个注意事项　224

凝缩文字信息的手法　226

要点　文字信息应简洁易懂　229

第2节　把文字信息制成图表　230

瞬间传达意思　230

图表的内容与排版　231

图表内容只有三种　232

图表排版只有四种　233

图表的修饰　235

组装制作图表　236

要点　把文字信息制成图表　242

第3节　配置幻灯片　243

制作幻灯片需注意两个要点　243

提高完成度的三个技巧　244

要点　配置幻灯片　249

第4节　完成资料包　250

制作资料包时的注意事项　250

要点　完成资料包　258

第5节　整合资料群　259

构建资料群　259

要点　整合资料群　264

第6章　最终章　265

STORY-6　方案的成功　267

最后的决战　267

出版后记　270

序 章

一个关于开展新业务的故事

STORY-0　创办新业务的任命

● **前途多艰的课题**

　　上贺茂制作所是一家主要生产电脑硬件设备（电路及配件）的公司。总部位于日本京都市北区的贺茂川江畔，那里绿荫环绕、宁静宜人，不远处就是上贺茂神社和老字号茶馆。该公司于1978年由宫里社长独立创办，属于比较典型的家族企业。在此之前，宫里社长曾在京都当地的小工厂担当设计方面的技术人员。

　　如今，上贺茂制作所的营业额约为2 000亿日元。其中80%是由机能设备业务部创造的，其余的20%则由三个小业务部创造。中山先生隶属的硬件解决方案业务部（为解决业务问题、满足业务要求而构筑的信息系统）就是其中之一（图0-3）。

　　硬件解决方案业务部于本月刚刚成立，其成立契机是上一年度公司制定的重点战略。该业务部的任务是开展新业务，成为新一代上贺茂制作所的支柱。灵活运用上贺茂制作所的硬件技术优势，为顾客提供更为周到的服务，开展附加值较高的业务等工作，都是该业务部的使命。

图0-3 上贺茂制作所的基本信息

名称	上贺茂制作所株式会社
总部所在地	京都市北区
创立时间	1978年
业务内容	主要生产电脑配件等硬件设备
销售额	2 000亿日元
营业利润	110亿日元
员工人数	3 400人
销售额结构	机能设备业务本部：78%
	多媒体业务部：13%
	网络业务部：7%
	硬件解决方案业务部：2%

由于硬件解决方案业务部肩负着极为重要的使命，宫里社长亲自兼任该部门的部长。而中山先生作为宫里社长的左膀右臂，被宫里社长委以重任，全权负责创办这个前途多艰的业务。

● **向Precena咨询公司求助**

面对创办新业务这一艰巨的责任，中山先生决定向报刊书籍上经常见到的Precena咨询公司寻求帮助。Precena咨询公司是历史悠久的管理咨询公司，主要客户为上贺茂制作所这样的生产制造商。该公司从战略筹划到实际实施都能为客户提供出色的咨询服务，其规划能力和策划能力获得了业界的广泛认可。Precena咨询公司的日本分公司设立在外资企业聚集的东京都港区。

● **成形的脚本**

硬件解决方案业务部创立初期，中山先生一度相当迷茫，不知应当从何处着手。自从上贺茂制作所与Precena咨询公司接触以来，经过大约6个月的反复商讨，该业务部终于明确了未来发展的方向。即"以专业性较强的零售业为主要客户，利用小型终端设备为该零售业的客户提供信息系统，生动有趣地展现出卖场的独特魅力"（图0-4）。

图0-4　硬件解决方案业务部的战略要点

	业务部的使命	为客户卖场提供附加值，增加销售额
以专业性较强的零售业为主要客户，利用小型终端设备为该零售业的顾客提供信息系统，能够生动有趣地展现出卖场的独特魅力。	目标客户	专业性较强的零售业（专业的公司）
	提供价值	让客户的卖场变得更有趣
	与众不同之处	由操作便捷、价格便宜的小型终端设备来提供信息

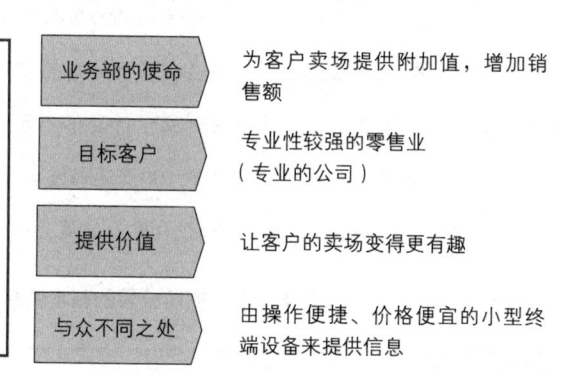

在过去，说到IT行业的解决方案业务，人们往往致力于构筑一种能够提高客户企业业务效率、削减运营成本的信息系统。Precena咨询公司的新方案则反其道而行，打算构建一种附加值更高的信息系统，并以此为卖点，达到增加客户卖场销售额的目的（图0-5）。

图0-5　硬件解决方案的卖点

思路	以往	硬件解决方案	以后
	增加客流量，提高效率		强化与客户的关系
	= 以削减成本为目标		= 以扩大销售为目标

然而由于上贺茂制作所仅仅是硬件设备的生产制造商,并不具备零售业方面的相关知识和技能,因此,Precena咨询公司为其提供了一个可行性较高的方案:与知名零售企业合作,以寻找市场需求为目标开展新的业务。至于选择哪家企业合作,他们经由各种考量选出了五个候补,最终选定了其中最有发展前途的塔里克丝公司。

塔里克丝公司主营录像带、CD、DVD新品及二手商品的贩卖和租赁业务。总部位于东京都千代田区,距离日本的皇居很近,旁边就是著名的赏樱胜地千鸟之渊。该公司创立于1992年,虽然成立时间较短,但是已经以首都圈为中心开设了大约100家连锁店。如今,该公司销售额约为150亿日元,年平均增长率超过10%,发展势头相当迅猛(图0-6)。

图0-6 塔里克丝公司的基本信息

名称	株式会社塔里克丝
总部所在地	东京都千代田区
创立时间	1992年
业务内容	录像带、CD、DVD新品及二手商品的贩卖和租赁业务
销售额	148亿日元
营业利润	18亿日元
店铺数量	103家
销售额结构	新品销售业务:42% 二手货销售业务:10% 租赁业务:48%

● **共同业务的启动**

经过长达6个月的磋商,上贺茂制作所的中山先生和Precena咨询公司的户崎先生绞尽脑汁想出的方案终于顺利获得塔里克丝公司的认同。

上贺茂制作所与塔里克丝公司达成一致，决定携手合作，共同开展新业务，努力让连锁店卖场变得更有趣。

关于具体构想，我将会在下文中不断进行补充。目前的方案是在卖场放置一款复合型终端设备，这个设备包含试听新歌、根据歌词或曲调查找歌名、打印歌词卡、获取知名歌手的相关信息、购买演唱会门票等多种功能，通过它可以增进顾客与卖场之间的联系（图0-7）。

图0-7 硬件解决方案的概念图

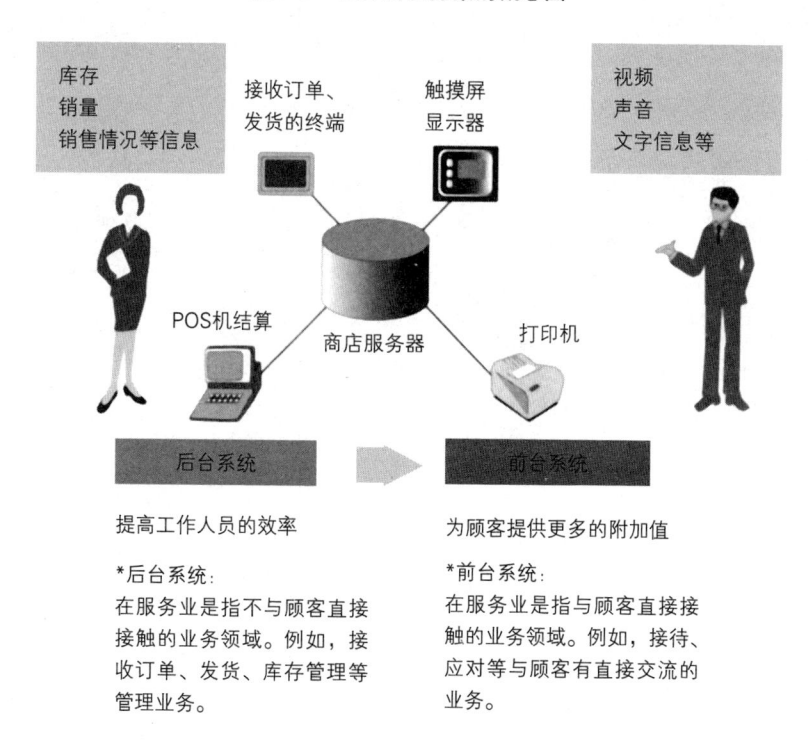

库存
销量
销售情况等信息

接收订单、
发货的终端

触摸屏
显示器

视频
声音
文字信息等

POS机结算

商店服务器

打印机

后台系统 ➡ 前台系统

提高工作人员的效率

为顾客提供更多的附加值

*后台系统：
在服务业是指不与顾客直接接触的业务领域。例如，接收订单、发货、库存管理等管理业务。

*前台系统：
在服务业是指与顾客直接接触的业务领域。例如，接待、应对等与顾客有直接交流的业务。

第1章

提交方案的技术

STORY-1 命运般的邂逅

● **中山先生的烦恼**

"到底该怎么做呢？"

中山先生叹了口气。公司将重点战略放在硬件解决方案业务部，可是中山先生却不知道该如何开展这项业务。他只是隐约知道自己想要做什么、必须做什么。作为推进硬件解决方案的责任人，却没有想好具体应该采取什么样的行动、在现阶段应做出何种企划方案等，他感到相当棘手。

转眼过去数日，中山先生把脑中的构想及计划在纸上写了删、删了写，仍然觉得毫无头绪。他苦恼地放下笔，双手交叉抱于胸前，闭上眼睛陷入了沉思。再这样像无头苍蝇一样烦恼下去恐怕也不会有什么进展，或许应该问问别人的意见。他睁开双眼，放开胳膊时不小心碰倒了面前堆积如山的资料。就在此时，他看到了一份介绍研究班课程的资料。

"Precena咨询公司？"

中山先生小声念道。想起以前曾在杂志和书籍中见到过这家公司的名字。

"姑且问问看吧。"中山先生拿起了电话。

数日后，Precena咨询公司的三名咨询师来到了上贺茂制作所。工作人员将他们引入接待室后，其中一位名叫平泉的男士率先递上了名片。平泉先生体格健硕，黑发中略微掺杂着一些白发，看起来大约四十出头。他在Precena咨询公司主要负责上贺茂制作所这类电器业客户的咨询。

接着，一位年约30、看起来颇为精明爽朗的男士也递上了名片，他的名字叫户崎，据说他才是项目的实际负责人。尽管户崎先生比较年轻，但是从他的微笑中可以看出暗藏的自信。最后，那个看起来最年轻、大约25岁的川岛也向大家介绍了自己。川岛先生身材较瘦，戴着一副墨绿镜框的眼镜，乍看比较斯文，待人接物则直视对方双眼，令人印象深刻。

略做寒暄之后，户崎先生开口转入正题。

"首先，我们想向贵公司简单介绍Precena咨询公司的情况，并进行自我介绍。然后根据我们电话中曾经谈过的内容，向贵公司阐述我们关于硬件解决方案这一事业的初步设想，并进行简单的讨论。最后会讨论我公司应以何种形式协助贵公司开展业务。总共大约需要两个小时，请问您时间方面是否合适？"

中山先生回答说没有问题。于是，待秘书送上咖啡，平泉先生不慌不忙地取出Precena咨询公司的宣传册，开始就公司的发展沿革、擅长领域、以往成功案例等展开了说明。

● **难以理解的提案内容**

说明及自我介绍总共花费了大约10分钟。紧接着，年轻的川岛先生从包中取出厚厚一摞资料，分发到每个人的手上。

资料分好后，户崎先生开始了讲话。

"前几天，我们在电话中咨询了中山先生的疑惑之处。根据电话内容我们制作了一份方案，打算以此为原案，介绍我们的设想。首先请翻到第1页，我们认为，之所以创立硬件解决方案业务部，是因为贵公司正在摸索如何转型进行二次创业，开拓新的业务领域。用高尔夫术语来说，就是如何从'inside out'[①]转为'outside in'[②]，换成营销术语来讲，就是如何从'product out'转为'market in'[③]。这正是问题的实质。"

中山先生凝视着户崎先生的脸庞，心里却在暗想："怎么用了这么多英文词汇！感觉好难理解。为什么不用常用词汇来说？"然而，户崎先生的讲话仍在继续。

"接下来请翻到第25页。这张图表根据对象范围的大小，把解决方案业务划分为若干layer（层次）。'解决方案'这个名词涵盖的范围比较广，既包括如mainframe（中央处理器）一类的大规模解决方案，又

---

① inside out：高尔夫术语，指由内侧向外侧挥杆。——译者注
② outside in：高尔夫术语，指由外侧向内侧挥杆。——译者注
③ product out和market in是在日本诞生的两个意思相反的抽象概念。product out是指企业在开发生产商品时把生产制造者放在优先位置，"生产制造者觉得哪个东西好就制造哪个""把东西制造出来后再考虑销售的问题"。market in是指企业在开发生产商品时把消费者的需求放在优先位置，站在消费者的角度进行商品企划开发，"制造消费者需要的东西""只做可能会畅销的东西"。——译者注

包括应用于中小企业店铺的小规模解决方案。我们认为，贵公司的first step（第一步）应该是在内部达成共识，明确自己要发展哪一方面的解决方案业务。"

中山先生开始感到厌烦。对方似乎在阐述一个相当重要的课题，可是内容太过抽象，没听过的英文词汇太多，这令中山先生感到非常难懂。就这样总算熬过了一个小时。

"以上就是我们的初步设想。关于上述介绍，请问有什么疑问吗？"户崎先生问他有没有什么问题要问，可是他连户崎先生在讲什么都没有搞清楚，又怎么可能提的出问题。

中山先生有些焦躁地答道："您介绍的内容听起来似乎非常高深，可是我所烦恼的问题没有那么高深。我就是想知道，我们公司的硬件解决方案的业务具体到底应该如何推进。希望贵公司今天能给我一个方案。"

"我们非常理解您的心情。今天我们带来的方案其实是在为具体方案做准备，即介绍一种上位概念，确定应如何整体把握业务的发展方向。至于具体内容，要等到我公司与贵公司共同开始推进项目，调查各种数据并探讨后才能确定。那都是以后所要讨论的事情。"

中山先生虽然难以接受这种说法，但他不得不承认自己尚未完全吃透Precena咨询公司的方案。他决定把资料带回去仔细研读，双方会谈于是暂时告一段落。Precena咨询公司的企划方案总共将近50页。尽管未能完全理解方案，中山先生心里还是感到相当的佩服。

"没想到就打了一个电话，对方竟然制作出这么详细的资料。"

● 从怀疑到期待

上次的见面未能让中山先生对Precena咨询公司产生太多好感。虽然如此，他还是决定从头到尾仔细阅读资料。毕竟这是对方辛辛苦苦制作出来的成果，而且他自己也确实没有什么头绪。然而当他阅读之后才恍然发现，原来自己当初确实没能理解对方的方案内容。这份将近50页的资料全都是根据他在电话中提出的问题制作而成的。其方案内容不像教科书那般生硬，而是将自己说过的话翻译成管理学语言，从上位概念的角度进行总结，构筑出一个逻辑思维相当缜密的理论。

随着深入地阅读资料，中山先生对Precena咨询公司的态度从怀疑渐渐转为期待。其后的一个星期，为了吃透手上的资料，他反复阅读，最终确定公司非常需要对方的帮助。为此，他决定："给社长看看这份资料，争取让社长同意与Precena咨询公司合作。"

● 社长的反对

"虽然我明白你的意思。"社长兼硬件解决方案业务部部长宫里先生平静地说，"但是，我们公司为什么要专门与咨询公司合作？"

宫里社长把资料放在桌上，双手交叉抱于胸前，继续说道："这份方案做得确实不错。可是我们不能仅仅因为方案做得好就决定聘请对方。毕竟，聘请咨询公司是要花钱的。如果对方不能具体告诉我这个项目推进后会产生怎样的结果，我无法做出判断。"

"您说得有道理。"中山先生的声音有些低落。

宫里社长继续穷追猛打道:"而且你就联系了一家咨询公司,这样怎么可能知道对方到底是否优秀。至少得再联系两三家,听听其他咨询公司的建议。"

宫里社长滔滔不绝地教训了中山先生大约30分钟。或许因为注意到中山先生情绪低落,他又转而安慰中山:"我也知道光靠咱们自己恐怕难以推进这项业务,所以也不是说不能聘请咨询公司。不过你得做出一份更有说服力的方案,这样我才有可能接受啊。"

"我明白了。那我再仔细研究一下,下次再来找您。"

听了中山先生的回答,宫里社长笑了。

"不必这么没精打采的。努力让通不过的方案得到通过,这才是方案的价值所在。如果随便什么方案都能通过,那么谁都不用辛苦拼搏了。加油啊!"

公司创始人宫里先生的这句话可谓饱含深意。

中山先生不禁陷入沉思:"努力让通不过的方案通过,这才是方案的价值所在吗?……"

序节　磨炼提交方案的能力

● **每天都在提交方案**

其实不仅是在商务领域，回顾日常生活，你会发现自己常常需要提交各种方案。例如在前面的故事当中，Precena资讯公司的户崎先生向上贺茂制作所的中山先生提交了一份关于"硬件解决方案业务的方向性"的方案。其后，中山先生向上司宫里社长提议，"希望购买Precena公司的咨询服务"。而提案也并不仅仅发生于咨询项目启动之时。其实在公司里，几乎所有人每天都在不断提交各种"方案"。

比如说，销售人员向顾客介绍公司产品时需要做出企划方案，证明公司的产品非常值得购买。技术人员想要开发某项技术，则需在公司会议上向上司及管理层提交方案，强调开发该项技术的必要性。

除此以外还需要提交许多小方案。你对上司说，"最好今天能碰头协商一下"；你对下属说，"这样整理资料才会简单易懂"；你说，"生产工程方案应该这样改""早上的例会应该被废止""食堂的菜单应该变一下了"……以上种种都是提交方案。由此可见，我们常常需要向他人提交各种方案。

即使不在商业领域，需要我们提交方案的机会也非常多。例如，我们找工作时需要展示自身的能力，让企业有意愿录用自己，这就是提案。家庭生活中，你向家人提议，"今年夏天去冲绳玩吧"，这同样也是提交方案。如此看来，需要我们提交的小方案真是数不胜数。

也就是说，无论在公司、学校还是家庭生活中，几乎所有人每天都要在各种情境下提交各种方案。具有出色的提案能力的人往往能够让事情朝着自己设想的方向发展。而缺乏提案能力的人则经常被他人反对，难以达成自己的愿望，结果往往面临诸多损失。总而言之，提案能力是每个人都必须具备的基本能力。

● 提交方案就要努力让方案通过

所谓方案，提交出来就是为了让它通过。这句话看似理所当然，可是很多人却没有真正意识到这一点。在故事中，由于宫里社长没有通过中山先生的方案，中山先生感到很失落。然而中山先生大可不必感到失落。努力做个方案提交上去，没通过其实也很正常。千万不要误以为方案做出来就该被通过。如果你把方案通过视为理所当然，一旦你的方案未能通过，就会把失败归咎到对方或环境。

想必你曾听到过诸如此类的抱怨：

"销售部怎么总让我们开发一些没有价值的产品。他们根本不理解我们技术部的想法。"

"我们部的部长从来都不肯听取下属的建议。"

"我们公司的社长行事太过谨慎,缺乏决断力。"

"没能拿到这个项目是因为运气不好。"

"面试没过是因为我和面试官气场不和。"

人们之所以会有这些抱怨,是因为他们在提交方案时从没考虑过被反对的可能性。如大家所见,从这些抱怨中很难看到"自我反省"的概念。他们只是简单地把失败归结于他人或环境。当你天真地认为自己提交的方案就应该通过时,你就已经把失败归咎到他人身上,这样一来,你会很难得到成长。

那么,如果你在提交方案时预想过没通过的情况,其结果又会如何?因为你把责任归结到自己身上,所以你对事物的看法也会发生改变。

"销售部之所以总让我们技术部开发没有价值的产品,是因为我们没能正确阐述技术方面的重要性。"

"部长没有听取我们的建议,是因为我们的表达方式有问题。"

"社长没能做出决断是因为我们的说明不够充足,无法让社长下定决心。"

"没能拿到这个项目是因为自己向客户提交的方案不够好。"

"面试没通过是因为没能充分展示自己。"

如此这般,在提交方案之前就预想到不被认可的可能性,就能把注意力集中于自己应从哪些方面做出努力,积极地思考解决方案,让自己更有动力去磨炼自己的能力。我多年来曾向日本的许多大公司提供咨询服务,常常会听到管理层人员或职员抱怨:"我们公司的员工从来不懂得自我反省""公司的风气不好,大家总是推卸责任"。我认为,其实这些情况的起因可以归结于一点,即"缺乏提交方案的能力"。即使长年在同一地区、同一公司乃至同一写字楼共事,自己提交的方案未能获得认可也是正常的。我们需要记住的是,所谓方案,提交出来就是为了让它通过。

● 书面资料

方案的类型包括两种,口头方案和书面方案。本书主要就书面方案进行具体说明。可能有些读者会问:"为什么每次都需要制作商务文本?口头上讲清楚不就足够了吗?"然而事实上在商务场合,大多数方案并不仅仅以当时在场人员为对象,因此有必要提交书面资料。

另外,有时管理层人员在做出某项决策的两三年后,会回过头来查询当年遗留的资料,确认当时是在怎样的背景下做出这样的决策。再者,有些方案虽然已经得到通过并召集了众多成员参与实施,但是事后需要向所有成员做出相关说明,解释该方案为何能够通过。如果是口头说明就无法留下相关资料,从而让不了解具体情况的人员难以了解实情。因此,除了个别情况需要有意识地不留痕迹(例如,在公司的对外报告会上谈及公司内部信息时),其他情况下最好还是把想要表达的东西都制作成书面资料(图1-1)。

图1-1 两类提案的不同点

	书面说明	口头说明
表面特征	字号较小 有图表及相关说明	字号较大 只有图表、没有相关说明
优点	**事后其他人看到也能读懂，无需再做说明**	令人印象深刻；可以防止信息泄露
缺点	需要花费较长时间阅读；需要较高的技巧才能制作出来	**读者只看资料会觉得难以理解，演说者向他人演示时会比较有难度**
适合场合	对内对外的会议资料、报告书、简报	报告会
难易度	**既然能整理出详细的资料，那么也能轻松制作简约版**	虽然能做出大致的资料，但是不见得能制作出详细的资料

● 制作书面资料的过程有利于理清自己的思路

此外，制作书面资料并不只是意味着"制作商务文本"。当你要把自己想说的东西总结成书面资料时，你可能会突然不知道该怎么去写。"我到底想要讲些什么？""不知道该怎样表述……"或者当你整理会议记录及报告书等文件时，你突然发现，"听的时候明明感觉自己已经听懂了，可是整理成书面资料时却发现自己完全没懂""明明觉得对方讲得很好，却整理不出来书面资料"。想必有过此类经历的人不在少数。

不可思议的是，一般情况下，那些听起来让人觉得容易理解或已经理解、但却难以整理成书面资料的提案，往往存在矛盾或含糊的地方。把自己想表达的东西总结成书面资料并不只是单纯的整理材料，这个过程可以让自己的思路更加清晰，及时解决其中存在的矛盾，帮助我们正确看待整个方案。写出书面说明之前就是一个反复思考、锻炼大脑的过程。

许多职场新人都抱怨："在公司总被要求打下手，整天都在制作商务文本。"我当年新进公司也曾经历过一段整日制作商务文本的时期。然而如果不把"制作商务文本"当作打杂，而是把它视为一种锻炼思考能力的训练，那么"制作商务文本"就会变成一项非常有趣并且富有挑战性的工作。

● 书面资料可以让演讲者言之有物

可能有很多人烦恼自己无法在人前充分表达自己想说的内容。人们普遍把语言表达能力视为"演讲能力"和"交流能力"，但其实不然。我在咨询公司工作时，也曾因为无法充分表达自己想说的内容而吃尽苦头。一遇到要在众人面前发言的场合，大脑就会一片空白，无法把心里想的东西准确表述出来。为此，我每天都很苦恼，甚至考虑要去参加演讲及沟通方面的培训班。

然而后来我发现，"不善表达"是因为"自己原本就不知道应该讲些什么"。回顾当时的窘况，我发现那时我的大脑里塞满了各种信息，因为不了解哪些重要哪些不重要，所以没能合理地总结资料。有时把不必要的信息作为参考信息，有时忘了把重要的信息放入参考信息。也就是说，我没搞清楚自己到底打算向他人传达什么内容。

自从注意到这个问题，我开始致力于把自己想要表达的内容总结成书面资料。终于，在说明会上我能够顺畅地表达自己的所思所想了。我现在甚至惊讶于自己当年居然会因为不善表达而倍感苦恼。请大家注意，如果不把一些主张提前总结成书面资料，纵使你善于辞令也不见得能够完美表达出来。虽然有些人无需事先准备文稿就能侃侃而谈，但是大多情况下，他们不是在"完美阐述"，而是在"完美搪塞"。

容我再次强调一遍，说明会上流利发言的秘诀并非在于是否"善于表达"，真正重要的是你事先是否认真做了准备，是否已经理清了大脑中的思绪。换言之，关键在于你是否明白自己重点要向对方传达什么。当然，无论什么场合都详细准备说明资料也并非上策。如果是公司内部的重要会议，或是向重要客户提交方案，这类情况的确需要制作完成度较高的资料。但如果只是日常的业务报告或普通商谈，则无需如此细致。不过原则上还是需要大家制作书面材料，确定自己大致要讲哪些内容和不讲哪些内容。倘若没能理清自己的思路，仅仅简单列个"提纲"，那么这个"提纲"不过是"偷工减料"和"随口一说"罢了。

● **如何提高书面沟通能力**

那么，所谓书面沟通能力具体到底是指什么呢？书面沟通能力包括两点，其一，能对事物进行合理的思考；其二，向对方进行妥当表达（图1-2）。如果不能对事物进行合理的思考，就算你能向对方进行妥当表达，对方的反应也不见得理想："我听得懂你说的话，但我不明白你的逻辑。"

图1-2 提高书面沟通能力的两个必要条件

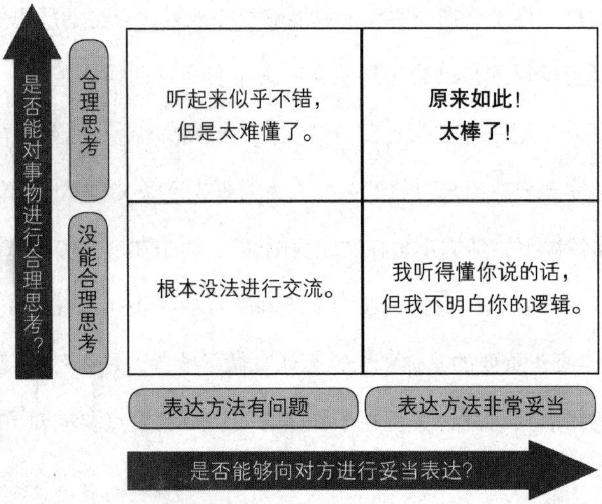

	表达方法有问题	表达方法非常妥当
合理思考	听起来似乎不错，但是太难懂了。	原来如此！太棒了！
没能合理思考	根本没法进行交流。	我听得懂你说的话，但我不明白你的逻辑。

（纵轴：是否能对事物进行合理思考？ 横轴：是否能够向对方进行妥当表达？）

例如故事里中山先生向宫里社长提议购买Precena公司的咨询服务，宫里社长虽然明白中山先生的意思，但却不明白"为什么必须购买Precena公司的咨询服务"。也就是说，中山先生的购买理由并不合理。具体而言，他既没考虑到费用和效果的性价比这方面的要素，又没比较其他咨询公司的情况。

相反，如果对事物进行了合理思考，却未能向对方进行妥当表达，对方恐怕会认为："听起来似乎不错，但是太难懂了。"例如故事里户崎先生向中山先生提交"硬件解决方案业务的方向性"的方案时，中山先生就是这个反应。户崎先生的提案虽然非常精彩，但是表达方法存在问题，因此中山先生的回应是："我不想听这种提案。"究其原因，户崎先生准备的资料过于冗长，有将近50页之多，并且大量使用英文词汇及抽象的词汇。

当合理思考及妥当表达兼备时,你的方案才有可能得到通过。二者缺一不可。

● **合理思考所需的必要条件**

实现合理思考的前提包括两个技能及5个研讨步骤(图1-3)。技能之一是组织语言时的逻辑思考能力。因为对方可能并不了解过去的经验及背景知识,为了让对方听懂,就需要条理清晰地进行说明。关于这一点我会在第2章详细介绍。以此技能为基础,我们还要利用自己的验证假说能力,提前设想对方可能提出的问题并做出回答,这个过程需要5个步骤。

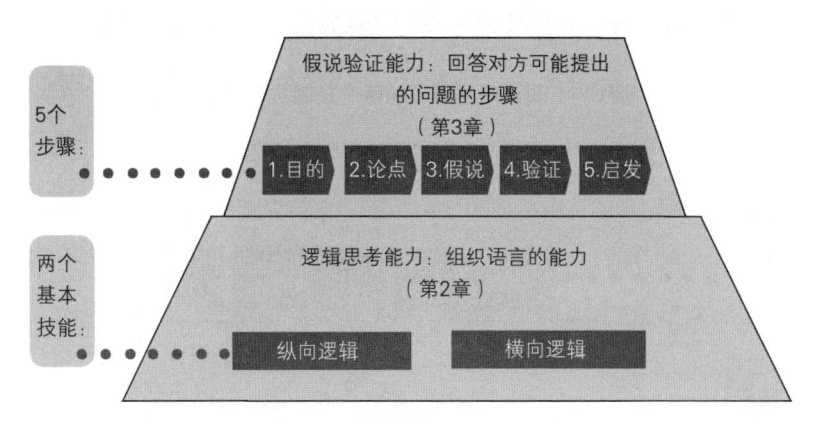

图1-3 合理思考所需的两个技能及5个步骤

```
5个步骤:    假说验证能力:回答对方可能提出
             的问题的步骤
             (第3章)
             1.目的  2.论点  3.假说  4.验证  5.启发

两个基本技能: 逻辑思考能力:组织语言的能力
             (第2章)
             纵向逻辑        横向逻辑
```

(1)理解目的:应该就哪些方面进行谈话?首先要明确把握对话的目的,否则无法提供对方想要的答案。

（2）把握论点：讲话并不是漫无边际地乱讲，那样会很难得出结论。我们应该检查的是对方到底对哪些论点持有疑虑。

（3）构筑假说：应提前设想对方会有哪些疑问，并根据疑问提前想出答案。如此一来，谈话会变得更有效率。

（4）实施验证：当对方与自己在理解上存在偏差时，应向对方提供客观证据，果断结束争论。没有证据的争论只会平白浪费时间，没有任何效果。

（5）提取启发：根据验证的结果找到行动的方向。假如没有这个步骤，会让对方觉得不知如何是好。

上述步骤将在第3章进行详细说明。

● 妥当表达所需的必要条件

实现妥当表达的前提同样包括两个技能及5个研讨步骤（图1-4）。

图1-4 妥当表达所需的两个技能及5个步骤

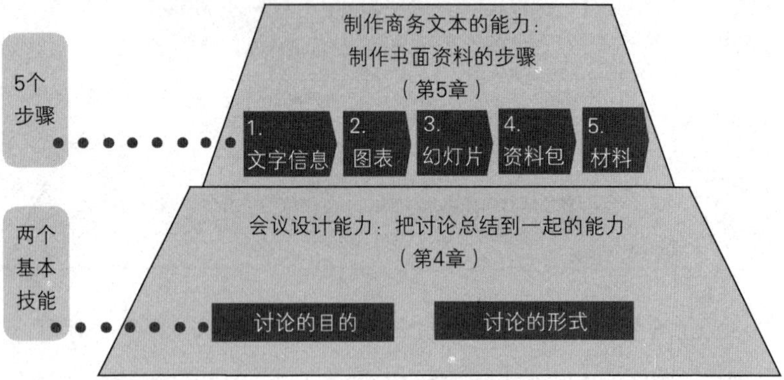

会议设计能力是指总结讨论的能力，它是妥当表达的前提。如果是简单的内容，可以一次性向所有人传达清楚，而比较复杂的内容，则需分成几次进行解说。毕竟，"最终要表达的东西"与"今天在会议上要表达的东西"不是一个概念。

此外，表达方式会因参会者及状况的不同而有所差异。具体将在第4章进行解说。以此技能为基础，接下来我们该发挥制作商务文本能力制作书面资料了。制作资料还需经历5个步骤。

（1）文字信息：用正确的语言把最想传达的东西写成文章。

（2）图表：把想要表达的东西做成图表，让人一目了然。

（3）幻灯片：把多个图表和段落集中在一张幻灯片上。

（4）资料包：把多张幻灯片组成一个资料包，就像一个故事一样。

（5）材料：把多个资料包组合起来，总结整理出最适合会议的商务文本。

以上步骤将在第3章进行详细说明。

下面归纳一下本章要点。

● **要点**

书面沟通的技术

1. 所有人都会面临提交方案的场合。如果缺乏书面沟通能力,你会损失很多。

2. 如果你不努力准备方案,你的方案就很有可能不被认可。

3. 书面形式的资料可以方便人们事后查询,因此非常有必要制作书面资料。

4. 把自己想表达的东西总结成书面资料并不只是单纯的整理材料,这一过程可以锻炼我们的大脑。

5. "不善表达"是因为"自己原本就不知道应该讲些什么"。

6. 仔细思考,认真概括,力求制作出简单明了的提案。

7. 书面沟通能力包括两点:合理思考及妥当表达。

第2章

逻辑思考能力

组织语言的能力

STORY-2 中间报告的走向

● **不断高涨的紧张感**

自从上贺茂制作所和Precena咨询公司启动项目以来,已经过去了两个月。转眼间就到了举办中间报告会的日子。

这天和往常一样,户崎先生和分析师川岛先生从酒店出发,沿着北山大道一路向上贺茂制作所步行。跨过御园桥,顺着贺茂川江畔一路前行,从老字号茶馆旁边经过后再往前走大约5分钟,就能看到掩映在郁郁葱葱的杉树林中的上贺茂制作所的总部。

上贺茂制作所的大会议室相当富丽堂皇,柔软的绒毯和高高的天花板都令人印象深刻。两人抵达大会议室时,工作人员已经做好了报告会的相关布置。大约40把椅子被摆放成日语片假名"コ"的形状,中间安放着一台投影机,前方则是一块大屏幕。

户崎先生不禁向中山先生问道:"今天会议室布置得很隆重啊!部长、课长级领导是不是都会出席?"

"是的。项目成员和除社长以外的管理层所有人员都会出席。"

户崎先生顿时变得紧张起来,不知道自己在这么多人面前是否能够顺利发言,众人能否正确理解自己的言论。待川岛把资料分发到所有人手上后，中山先生率先开始了讲话。

"现在报告会正式开始。近两个月，Precena咨询公司与我公司成员就硬件解决方案业务的方向性进行了反复讨论，目前已经得出了阶段性的结论。因此特意召开中间报告会，向大家介绍相关情况。会议预定召开3个小时。首先请Precena咨询公司的户崎先生发言，向大家汇报讨论的结果。"

中山先生向户崎先生递了个眼色。

户崎先生马上接口道："那么就由我来向大家进行具体说明。"

"大家手上拿到的资料由4章组成。第一章概略介绍了本项目的背景和目的，以及此前的讨论事项。第二章介绍了其他优秀公司开展解决方案业务时的普遍思路。第三章把该思路套用于贵公司，找出硬件解决方案业务的战略要点。最后一章，也就是第四章则展望了今后将要开展的活动项目。"

据户崎先生所言，上贺茂制作所的解决方案业务不应以"追求效率""降低成本"为目的，而应致力于"强化和顾客的关系""增加销量"。该业务应以零售业为对象，在开展业务时不宜单打独斗，而应寻找优良客户企业合作。努力为卖场的顾客提供有趣的服务，激发顾客对知识的好奇心。

包括休息时间在内，户崎先生的解说总共持续了两个小时。最后，户崎先生总结道："以上就是项目成员们集体制作出来的方案。请问大家有什么疑问？"

● **最初的疑问**

会场顿时陷入一片静默。户崎先生不禁有些忐忑,是不是自己讲得太快了?给大家一口气灌输了太多信息?这时,机能设备业务本部的技术部长佐藤率先提出了第一个问题。

"朝增加销量这个方向努力听起来似乎不错。可是如果仅仅在卖场安装几台设备,客户不见得会认为这能带动卖场商品的销售。与此相比,假如我们告诉客户用了我们的设备可以节约多少成本,客户可能会更加直观地感受到其中的好处。既然如此,我们为什么偏要朝增加销量这个方向努力呢?"

户崎先生不禁一愣。其实在这之前,项目成员们曾经讨论过这个问题,但是没有将讨论结果写进资料中。原以为大家都明白其中的缘故,无需再做额外的解释,却没想到真的有人提出了这个问题。户崎先生稳住心神,不慌不忙地做出了回答。

"关于这个问题,在项目成员内部其实也曾产生过分歧。因为资料上没有讲这点,在此请允许我进行口头说明。如您所言,'提高后台系统的效率',也就是说,提高从业人员的业务效率,确实能够让客户一眼看出其中节约了多少成本。然而我们却没有采用这个思路,而是选择在'前台系统'下功夫。即,把重点放在与顾客有直接接触的业务领域。理由主要有两个。

其一,成本的降低是有一定限度的。近年来由于经济不景气,许多企业为了提高效率而纷纷裁员,如今,成本降低的空间已经越来越小。任何企业都不可能做到不断降低成本，成本降到一定程度后，企业必然会将视线转而聚焦于提高销量方面。因此我们决定尽早应对这一发展需求。

其二，恕我直言，贵公司在后台系统方面很难发挥自身的优势。众所周知，如今市场上已经出现了许多以提高业务效率为目的的信息系统。要开发出这样的系统，主要依靠软件技术，或者会计业、零售业等方面的业务知识。而贵公司只是在硬件方面比较出色，在提供信息系统的服务上已经失去了市场先机，因此，在依靠软件技术及业务知识的领域与其他公司一决胜负绝非上策。目前很少有公司涉足前台系统这一方面，且前台系统的开发主要依赖硬件技术。基于这个缘故，我们提议从前台系统着手。"

佐藤先生苦笑道："原来如此，这样我就明白了。您要是一开始就介绍这两个原因的话，我就不会这么迷惑了。"佐藤部长的提问仿佛起到了缓和会议氛围的作用，很快就又有人举起了手。这次举手的是山本销售部长，与佐藤先生同属机能设备业务本部。

"我觉得用'零售业'这个词有些过于笼统了。同样是零售业，服装行业与药店、折扣店的经营方式就截然不同。请问你们具体瞄准了零售业中的哪个领域？"

"现在这个阶段，我们瞄准的客户群是专业性较高、发展前景较好的企业。我们并不在乎它具体从属于哪个行业，我们关注的是哪个企业比较先进、成长态势良好。"

第2章 逻辑思考能力

听了户崎先生的说明，山本销售部长反驳道："我们先不讨论先进性、成长态势这个话题。我想强调的是，行业不同则顾客需求也会不同。请问您瞄准的是哪个行业？"

户崎先生有些糊涂了。行业？怎么突然提起行业这个话题了？刚才不是已经告诉对方，行业是指零售业了吗？对方怎么还让我说是哪个行业？难道我刚才提出的"先进性与成长性"存在某些不足？对方的意思是不是让我在"先进性与成长性"的基础上加入"顾客需求"这一视角，对客户群进行分类？不对，他好像不是这个意思。户崎先生有些头疼，可他不能在这个场合沉默不言。

"嗯……"户崎先生端起茶杯抿了一口。这时，他的脑中灵光一闪。突然明白了山本先生问题中的含义。对方是从销售的角度提出问题，而不是从管理、业务等角度提问。

"是这样的，"户崎先生继续解说道，"可以根据行业、地区等对客户进行分类。这次我们尝试引入了'前台系统'这个非常新颖的概念。因为谁都没有见到过或听说过这个系统，连客户自己都没有非常明确的需求。因此，我认为这次不宜把客户按照具体行业进行分类，而应选择一家对这个新型系统感兴趣、愿意合作的企业，把这个企业当作目标客户。选择的标准包括两点，那就是先进性和成长性。不知道您是否对这个答案满意？"

然而山本先生并没有放弃质询，他继续追问："原来如此。可是我觉得，与其选择有发展前景的企业，不如把市场占有率较大的企业当作目标客户。那样的话，我们不就能一口气拿到较大的市场份额了吗？并且，企业收益非常重要。如果客户企业资金不足的话，我们的系统就算再好也卖不出去啊。"

"您说得很有道理，"户崎先生回答道，"我们的项目成员也曾讨论过这个问题。要想让市场占有率较大的企业成为我们的客户，需要等到我们的硬件解决方案业务发展到一定阶段，有了获得市场及大企业的广泛认可的实力后才能实现。毕竟现阶段我们连成品都没制作出来，而且上贺茂制作所在这个领域还没有什么名气，恐怕大企业不会把我们视为合作对象。另外，虽然我们的最终目的是获得收益，但是启动业务的最初阶段要做好赔本的准备。目前的首要问题是如何了解并满足客户的需求。如果一开始就不把关注重点放在启动业务上，而是想着如何获利，最终恐怕会血本无归。"

"这样啊，我明白了……"

山本先生的表情虽然有些勉强，但他似乎已经放弃了反驳，坐回了自己的椅子。紧接着，刚才提问过的佐藤先生再次举起了手。

"您刚才说要和先进的客户企业携手合作。可是实际上能否顺利实现呢？"

"说实话，我们不知道一切能否顺利进行。不过，假如我们慎重选择目标企业、认真为对方描绘合作方案，想必成功率不会低。"

听了户崎先生的回答，佐藤继续追问："您所说的合作方案具体是指什么？"

"很抱歉，关于合作方案，今后我们将进行深入探讨。因为现阶段我们还没有选定合作企业，这种情况下不可能制作出合作方案。关于这一点请允许我下次汇报。"

佐藤先生表示理解，放弃了追问。考虑到户崎先生的辛苦，中山先生开口道："时间已经过得差不多了，接下来请户崎先生回答最后一个问题。请问还有谁想提问？"

最后提问的是多媒体业务部部长高桥先生。

"贵公司刚才在发言中建议我们为客户企业提供一种有趣的、能激发卖场顾客对知识的好奇心的系统。什么叫作对知识的好奇心？"

对此，川岛先生答道："以前不了解的东西现在了解了，人们会因此感到喜悦。我们目前的产品概念是，制作一款可以通过声音、图像等检索自己想知道的信息的系统。"

"这样啊……因为我负责的也是多媒体方面的工作，我发现除了求知能够让人感到喜悦以外，在艺术世界，还有其他方面的乐趣。比如说，同样是在看电影，在家里看视频和在电影院看银幕的感受就截然不同。尽管内容一样，但是由于情况不同，人们的满意度及兴奋度也会有所不同。关于这一点您是怎样看待的呢？"

户崎先生这样回答：

"您说得很有道理。我们项目的成员目前还没讨论过这个问题。等我们讨论出结果后，下次再告诉您答案。非常感谢您提出的宝贵意见。"

"好的，请在下次会议之前讨论出结果。"

高桥先生说完后就散会了。整个中间报告会长达3个小时，最终总算顺利结束了。

● 报告会结束之后

会后，中山先生一边整理会议室，一边对户崎先生说："户崎先生，今天大家提出的问题很尖锐啊！"

"是啊，不过基本上和我预先设想的一样。不愧是上贺茂制作所，该质疑的地方就毫不留情地质疑。贵公司提出了不少意见，这比什么反应都没有强多了。"

"哪里哪里，根本说不上什么意见，不过是大家随口讲讲罢了。因为我们公司业务部实施的是完全垂直领导，所以虽然是在同一家公司，大家的想法却各有不同。一到开会的时候就各说各的，很难得出什么结论。毕竟大家都是根据自己的过往经验来发言。今天开会的人那么多，没想到你却能够控制住全局。"

户崎先生被夸得有些不好意思，笑着说道："是啊，要让经验各不相同的众人都能听懂，这点确实挺难。正因如此，我们才要提前构建好逻辑，争取让所有人都能听懂解说。"

序节　何为逻辑

● **逻辑的必要性**

第1章阐述了让方案通过的重要性。那么，提案的通过与"逻辑"有着怎样的关系？或许有人会说："就算说话没有什么逻辑，对方还是很有可能听懂。因此不必太过在意逻辑。"

确实，在日常的工作生活当中，不是每次都要专门罗列一堆理由，才能让对方听取我们的方案。很多情况下，和他人交流时无需在意语言中的逻辑关系，也能很好地沟通，也真的存在所谓的"心有灵犀""触类旁通"。既然如此，我们似乎没有必要在讲话时注意逻辑，那么我为何却要反复强调逻辑的重要性呢？

这是为了让"任何人"都能听懂并接受我们的方案。假如对方与我们有着相似的境遇或经验，由于对方和我们的思考方式、知识水平相近，我们无需费力解说就能顺利传达自己的主张。然而，假如对方和我们是第一次见面，抑或文化背景与我们大不相同、与我们持相反意见，要是不注意讲话的逻辑，对方就很可能听不懂我们的方案。

尤其是在商务场合，不同企业或部门的人们在价值观及思考方式方面存在的差异远远超过我们的想象。例如，同为制造行业，已经成熟的设备产业与急速成长的高科技产业就截然不同。同样是"研发"，在设备产业看来，需要花5年时间才能研发出用以代替旧产品的新产品。而在高科技产业看来，要研发出前所未有的崭新产品只需大约半年时间。而且，就算是在同一家企业，人们的思考方式也会因部门不同而存在差异。举例而言，对于销售部来说，"把顾客满意度放在首位"意味着在最短期限内把产品提供给顾客，令顾客感到满意。然而对于技术部来说，哪怕花费漫长的时间也要制造出功能先进、质量优越的产品，来让顾客满意。

在此情况下，要想让自己的方案得到认可，就必须把自己想说的话按照逻辑组织起来。不要奢望所谓的"不言自明""迟早会明白"。如果我们不努力准备，就可能无法获得对方的理解。

● 逻辑具体是指什么

"逻辑"是一个常用词汇，那么具体是指什么呢？在我看来，逻辑是指"把语言合理地组织起来"。

请参见图2-1。方框中是词汇及概念，要想把这些方框合理地组织到一起，只有纵（竖列）、横（并排）两种组织方法。当各种词汇及概念按照纵或横的顺序合理组织好后，我们就可将其认定为"有逻辑的"状态。

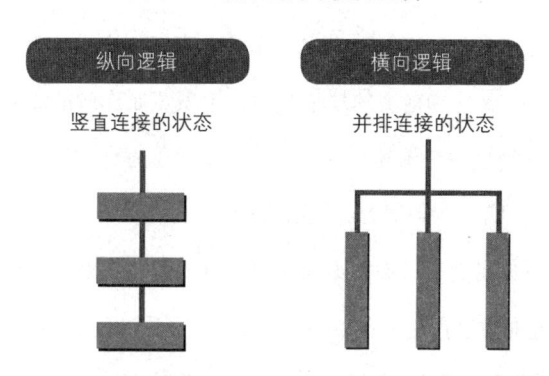

图2-1 纵向逻辑与横向逻辑

纵向逻辑　　　　横向逻辑

竖直连接的状态　　并排连接的状态

纵向逻辑是指任何人都能一眼看懂的因果关系。"因为A，所以B"，"因为B，所以C"，无论是谁都能看懂这种逻辑关系。横向逻辑是指任何人都能看懂的总分关系，没有遗漏和重复。"A包括B和C"（即MECE分析法[①]。Mutually Exclusive, Collectively Exhaustive），大家也都能看懂这种逻辑关系。

请暂时忘掉"演绎法"和"归纳法"等艰深的逻辑术语，我在后面的章节会具体进行说明。在此请大家先记住："逻辑包括纵向逻辑和横向逻辑。"

● 对方不理解的情况包括两种

现在大家已经知道了"逻辑包括纵向逻辑和横向逻辑"，接下来请大家想象一下"你和某人讲话，某人却表示不理解"的场景。比如

[①] MECE分析法是指对于一个重大的议题，能够做到不重叠不遗漏的分类，而且能够借此有效把握该问题的核心并解决该问题的方法。——译者注

说,你向上司汇报工作时,上司却露出奇怪的神情;你在面试中介绍自己,考官却莫名其妙地看着你;你对顾客进行演示说明,顾客却感到枯燥乏味;又比如前文的故事当中,上贺茂制作所的高管们在听取了Precena咨询公司户崎先生的发言后,提出了各种质疑。为何对方不理解我们的发言?为何对方会提出质疑?

这是因为我们言语中的纵向逻辑、横向逻辑在对方脑中并未组合成形。因此对方会产生各种疑虑:"现在说的话和刚才说的话有什么联系吗?""他是根据什么提出这项意见的?"由于对方从整体上不理解我们想表达什么,所以才会提出各种反对意见。

如果给对方的反应简单归类,你会发现,对方感到不理解时无非有两种反应:

- "真是这样吗?"
- "仅仅如此吗?"

让我们回顾前文所讲的故事。第一个提出质疑的是佐藤技术部长,他的问题简单归纳起来就是:"上贺茂制作所在发展解决方案业务时真的应该朝增加销量这个方向努力吗?"该问题是在问:"真是这样的吗?"

第二个提出质疑的是山本销售部长,他的问题是:"真的应该把零售业客户当作目标客户吗?"这个问题同样属于"真是这样的吗"的范畴。而他的第二个问题则是:"选择目标客户的标准只包括先进性和成长性这两个方面吗?"该问题可归类为"仅仅如此吗?"其后,佐藤技术部长再次提问："能否顺利找到先进性较高的客户企业并展开合作？"这个问题实际上是在问："真是这样吗？"最后，高桥业务部长指出："除了能够让人感到求知的喜悦以外，其他还有什么乐趣？"这其实是在问："仅仅如此吗？"总而言之，对方感到不理解时会呈现出上述两种反应（图2-2）。

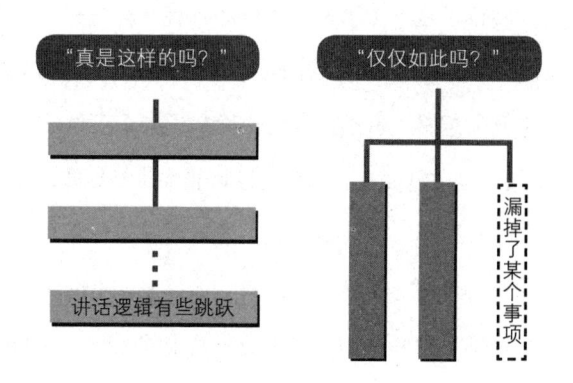

图2-2　纵向逻辑与横向逻辑

● 为何对方会问："真是这样的吗？"

当对方质疑"真是这样的吗"的时候，说明我们在讲话中没有把纵向逻辑组织起来或组织得不够好，也就是说，因果关系比较薄弱。比如说，前文中户崎先生的脑子里存在着这样的因果逻辑："要想推进上贺茂制作所硬件解决方案业务部的发展，就应向客户提供一种有利于增加客户销量的系统。"然而佐藤技术部长听了以后却感到难以理解这一因果关系："为什么要想推进硬件解决方案业务部的发展就应该开发有利于增加客户销量的系统？"

大家又是如何看待户崎先生的发言呢？是从一开始就明白户崎先生的逻辑？还是直到户崎先生具体解释后才恍然大悟？

请看如下三个事例，你是否能明白其中的逻辑？

1. "给别人添麻烦的行为是不好的行为。"
2. "在路边随意停车会给他人造成不便。"
3. "一旦刮大风，木桶店就会赚钱。"①

大家同样阅读了这三个事例，反应却各有不同。有的人能迅速理解这三个事例当中蕴含的逻辑；有的人只能明白第1个事例，却不明白第2、第3个事例的逻辑；有的人能明白第1、第2个事例的逻辑，却不明白第3个事例。也就是说，有的纵向逻辑非常简单易懂，有的纵向逻辑却让人感到过于跳跃，摸不清头脑。逻辑组织得好还是不好并非绝对的概念，主要得看对方是否能够理解。如果对方不能明白其中的逻辑，我们必须详细地解释；如果对方懂得其中的逻辑，我们则应简略跳过，否则对方可能会以为我们把他当成了傻瓜。

● 纵向逻辑的理想状态

纵向逻辑的理想状态是，当对方要求你仔细解释你的纵向逻辑时，你能回答出来。要想达到这一状态，我们需要锻炼自己的能力。例如，我们可以把"在路边随意停车会给他人造成不便"这个事例按照理解

---

① "一旦刮大风，木桶店就会赚钱"是日本的一句谚语。当大风吹起时，砂石就会漫天飞舞。砂石飞到人们眼睛里，盲人就会增多。盲人要想维持生计，大多会选择弹奏一种名叫三味线的乐器。而三味线的音箱多由猫皮制成。猫减少后老鼠的数量势必会增多。老鼠喜欢咬木桶，木桶被咬坏后，人们就得去木桶店买新的木桶。如此一来，木桶店就会赚钱。——译者注

程度的不同可以分为三个层次（图2-3）。

图2-3 对同一纵向逻辑的不同理解程度

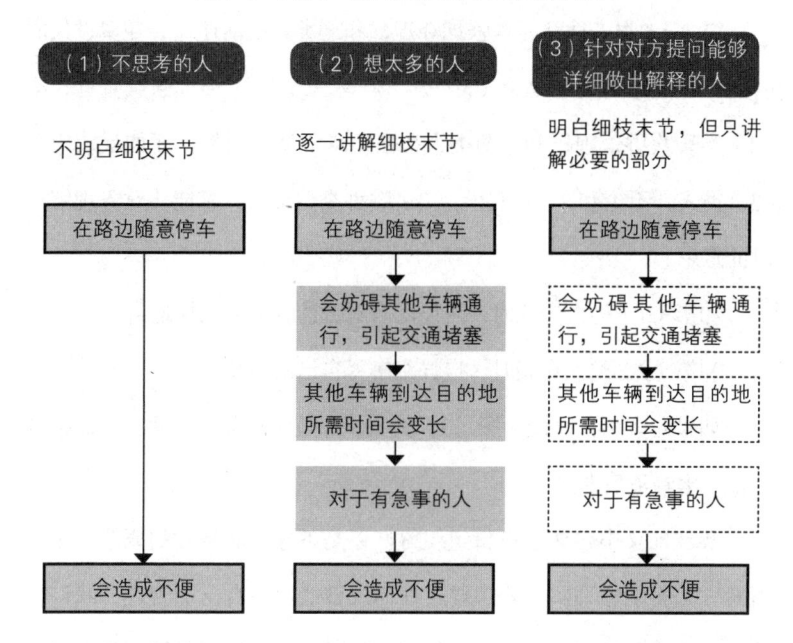

（1）不思考的人	（2）想太多的人	（3）针对对方提问能够详细做出解释的人
不明白细枝末节	逐一讲解细枝末节	明白细枝末节，但只讲解必要的部分
在路边随意停车	在路边随意停车	在路边随意停车
	↓	↓
	会妨碍其他车辆通行，引起交通堵塞	会妨碍其他车辆通行，引起交通堵塞
	↓	↓
	其他车辆到达目的地所需时间会变长	其他车辆到达目的地所需时间会变长
	↓	↓
	对于有急事的人	对于有急事的人
↓	↓	↓
会造成不便	会造成不便	会造成不便

第（1）栏中，"不思考的人"只是大概明白在路边随意停车会给他人造成不便，却不打算深究其中的原因。第（2）栏中，"想太多的人"能够找出一大堆理由，啰嗦地解释路边随意停车为何会给他人造成不便。第（3）栏中，"针对对方的提问能够详细做出解释的人"明白路边随意停车为何会给他人造成不便，如果有人要求他做出解释，他能细致地进行说明。

第（1）类人多为"直觉型"。这类人如果直觉正确的话，一般没什么大问题。但如果直觉有误就麻烦了。"路边随意停车会给他人造成不便。""为什么?""反正就是会造成不便。"有时我们很难和直觉型的人继续这种对话。

第(2)类人往往喜欢强词夺理,和这类人说话往往会耗费过长的时间。最理想的类型是第(3)类。毕竟,第(1)类太强调直觉,第(2)类喜欢讲歪理,和这两类人往往很难争辩出结果。而如果成为第(3)类人,不论和(1)、(2)、(3)哪种类型交谈,都能让对方理解自己的意思。

和第(1)类人交谈时,可以配合对方的直觉跳跃性地讲话。

和第(2)类人交谈时,应详细解释自己的逻辑。

如果对方和自己同为第(3)类人,那就比较节省时间,只需把重点部分解释清楚即可。

我在前文中强调,逻辑组织得好还是不好并非绝对的概念,主要看对方是否能够理解。若想要让任何人都能明白自己的表述,我们应该锻炼自身的逻辑组织能力,做到"针对对方的提问能够详细做出解释"的程度。不过需要注意的是,只有在对方提问时才需要做出详细的解释。否则对于不需要详细解释的人来说,你不过是一个诡辩者。至于要如何强化自己的逻辑,我在后面的章节将会细细道来。

● 为何对方会问:"只是这样吗?"

当对方质疑"只是这样吗"的时候,说明我们在讲话中没有把横向逻辑组织起来或组织得不够好,也就是说,我们未能合理把握整体思路,出现了遗漏和重复。

比如说，前文中户崎先生认为："应该为客户企业提供一种有趣的、能激发卖场顾客对知识的好奇心的系统。"然而高桥业务部长却认为并非仅限于此。他指出，在家里看视频和在电影院看银幕的感受截然不同，因此除了求知的乐趣以外应该还存在其他的乐趣。换言之，户崎先生的主张当中存在遗漏。

请看看如下三个事例，你是否能发现其中的遗漏和重复？

1. 我想从事有意义、能够获得高收入的工作。
2. 我喜欢温柔顾家的异性。
3. 因为销量可以保证，而且前来交涉的是重要客户，所以我们应该开发。

大家同样阅读了这三个事例，人们的反应却各有不同。有的人觉得这三个事例不存在任何遗漏和重复；有的人认为第1个有问题；有的人认为第2个有问题；有的人则认为2和3都有问题；还有的人认为3个事例都有问题。

看到这里，想必大家多少能察觉到横向逻辑中的重复现象了吧。

第1个事例当中，"有意义"与"高收入"不存在明显的重复。

第2个事例当中，"温柔顾家"则令人或多或少感到重复。从直觉上来看，温柔的人似乎都很顾家。

第3个事例当中，"销量可以保证"与"前来交涉的是重要客户"也令人感觉比较模糊。毕竟，能让公司销量得到保证的客户基本上都是重要客户。因此，"重要客户"这个概念包含了"可以保证销量"这一要素。

重复现象相对容易发现，而遗漏现象则比较难发现。其原因在于，只有当我们把整体事项都定义出来以后才能开始查漏补缺。倘若未能清晰地把握整体事项，我们就不可能知道缺失了什么。至于如何把握整体事项，同样也要看谈话对象是哪类人。

例如第3个事例中，说话的人应该是销售人员。销售人员无需承担收益责任和管理责任，从销售的角度来看，或许这就是"开发所需的必要条件"，其中没有任何遗漏。然而业务部长及管理者却能一眼看出其中的遗漏：销售人员明显忽视了收益及研发技术等概念。

● **横向逻辑的理想状态**

横向逻辑的理想状态是"覆盖范围广、分类细致"。要想达到这一状态，我们需要锻炼自己的大脑。例如，我们可以把"应该开发"这个逻辑按照理解程度的不同分为三个层次（图2-4）。

图2-4 对同一横向逻辑的不同理解程度

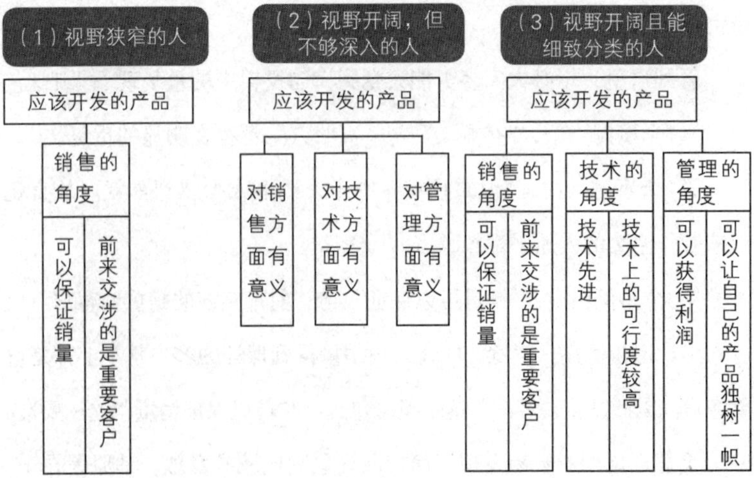

```
(1) 视野狭窄的人          (2) 视野开阔，但          (3) 视野开阔且能
                           不够深入的人              细致分类的人

应该开发的产品            应该开发的产品            应该开发的产品
   │                        │                        │
销售的角度              ┌───┼───┐          ┌────────┼────────┐
   │                   对   对   对        销售的    技术的    管理的
可以保证销量           销   技   管        角度      角度      角度
前来交涉的是重要客户    售   术   理          │        │        │
                       方   方   方       可以保证  技术先进  可以获得利润
                       面   面   面       销量      技术上的  可以让自己的产品
                       有   有   有       前来交涉  可行度较高 独树一帜
                       意   意   意       的是重要
                       义   义   义       客户
```

（1）"视野狭窄的人"……只能在有限的范围内思考问题。多为一线工作人员，离顾客最近。

（2）"视野开阔，但不够深入的人"……虽然视野开阔，但却不了解具体情况。多为远离一线的管理人员。

（3）"视野开阔且能细致分类的人"……视野开阔，并且了解具体情形。多为兼任实务工作与管理工作的人员。类似于在棒球队中兼任队员的教练。

我们的目标是成为第（3）类人。如果是第（1）类或第（2）类人，往往很难讨论出结果。因此往往出现这样的谈话场景，即"只了解具体情况的下属和不了解具体情况的上司""只关注全局的上司和不了解全局的下属"。假如我们成了第（3）类人，就能让所有类型的人都能理解我们的表述。

在前文中我强调，如何把握整体事项，要看谈话对象是哪类人。若要让任何人都能明白自己的意思，我们应该锻炼自身的逻辑组织能力，长期做到"覆盖范围广、分类细致"。

● 逻辑合理与否由对方判断

我在前文中指出，当对方感到不理解时，无非有两种反应，即"真是这样的吗"和"只是如此吗"。需要注意的是，你的逻辑是否合理，是由对方来进行判断。

有时你可能认为自己的语言非常有逻辑，但是如果对方并不理解,那就说明你缺乏逻辑。有些人或许会强词夺理,坚称"我很有逻辑""我的逻辑才是对的"。这种把自己的逻辑视为标准的想法非常危险,往往会导致不好的结果发生。

举例来说,有些企划者总是罗列一些令人费解的理由,却责怪他人不能理解自己。有些销售员只是一个劲地强调"如果推出这个新产品,肯定能够畅销",当上司认为销售员的言论"缺乏根据,没法做出判断"时,销售员反而认为上司"缺乏魄力"。还有的开发人员在收到销售部门的开发企划案后并不给予足够的重视,认为"开发这种无聊的产品毫无价值"。想必大家身边有不少人都存在这些问题。

像这样,倘若过分相信自己的逻辑,不好好反省,你会很难获得成长。因此请牢牢记住,逻辑合理与否是由对方判断的。真正懂逻辑的人可以让任何人都能听懂自己的意思。假如你认为自己很有逻辑,无法和不懂逻辑的人沟通,实际上意味着你自己就缺乏逻辑。

● 要点

何为逻辑

1. 为了让与我们背景不同的人们听懂我们的表述，有必要在讲话时注意逻辑。

2. 所谓逻辑，是指把语言合理地组织起来。

3. 要想把语言合理地组织到一起，只有纵向逻辑和横向逻辑两种组织方法。

4. 当对方感到不理解时，无非有两种反应："真是这样的吗""仅仅如此吗"。

5. 当对方质疑"真是这样的吗"的时候，说明我们的纵向逻辑比较薄弱，也就是说，未能恰当地说明因果关系。

6. 当对方质疑"只是这样吗"的时候，说明我们的横向逻辑比较薄弱，也就是说出现了遗漏和重复。

7. 逻辑合理与否是由对方判断的，不要过于相信自己的逻辑。

第1节　建立纵向逻辑

● 纵向逻辑薄弱的三个原因

当对方问"真是这样的吗"的时候,我们应如何建立纵向逻辑以回应对方的质疑呢?

首先,合理的纵向逻辑到底是怎样的逻辑?"因为A,所以B",简单来说,这是一种无论是谁都能看懂的逻辑关系(图2-5)。比如说,"给别人添麻烦的行为是不好的行为"就属于"因为A,所以B"这个公式,但凡懂道理的人都认可这个逻辑。当然,逻辑合理与否是由对方判断,但是如果达到了任何人都认同的状态,那就说明这个逻辑具有绝对性。在这一状态下,对方很自然地就接受了其中的逻辑,不会质疑其中的真假。那么,我们应该如何建立纵向逻辑才能达到如此理想的状态?

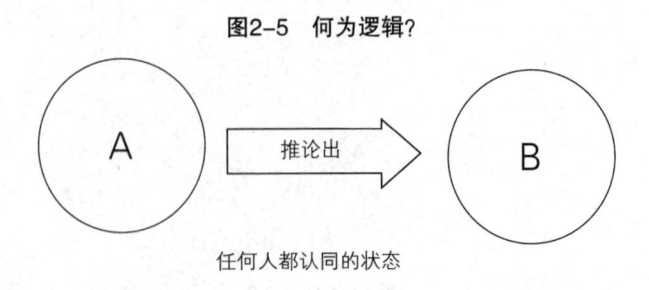

图2-5　何为逻辑?

A　推论出　B

任何人都认同的状态

知易行难，要做到有逻辑地说话思考并没有那么简单。或许曾经有人对你指出："你的说明不够合理，请更有条理地解释。"而如果别人一指出问题你就能立刻改正，那么谁都不用辛辛苦苦锻炼这项能力了。我多年来在战略咨询和公司管理改革的工作中听到了太多缺乏逻辑的说明，同时我也总结出适用于现场实践的逻辑思考。在接下来的部分中，我将重点讨论这个问题。

在此我们应该思考一下纵向逻辑薄弱的原因。原因主要包括三点，具体如下：

（1）前提条件不同

（2）把不同性质的东西混为一谈

（3）偶然的必然化

1. 前提条件不同

纵向逻辑之所以不够合理，最常见的原因在于前提条件不同。请参见图2-6，说话者指出"因为A，所以B"，但是实际上说话者的脑海里已经为A勾勒出了诸如A'、A"等若干的隐性前提。

在前文的故事中，户崎先生首先提出提案："上贺茂制作所为客户提供的系统不应以降低成本为目的，而应致力于增加客户的销量。"以佐藤技术部长为首的在场听众之所以未能理解户崎先生的逻辑，正是因为"前提条件不同"。

图2-6 前提条件的不同

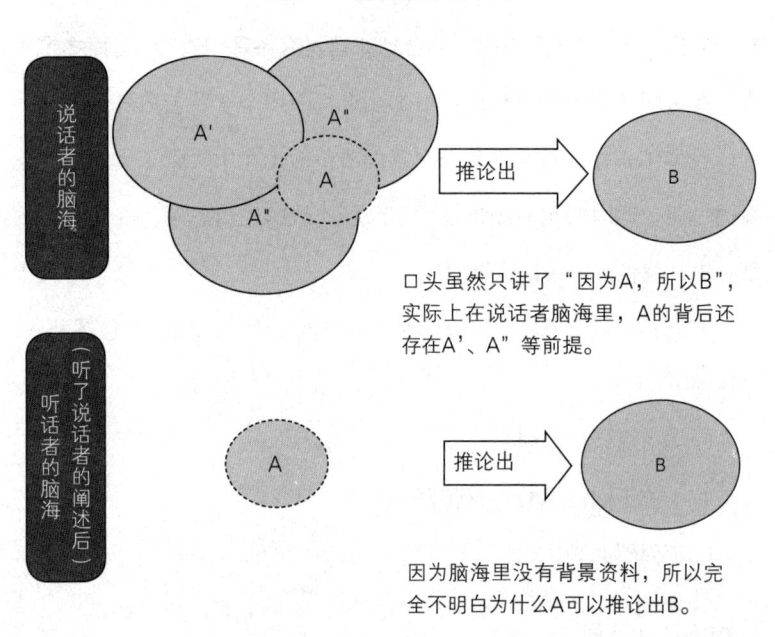

说话者的脑海

口头虽然只讲了"因为A,所以B",实际上在说话者脑海里,A的背后还存在A'、A"等前提。

听话者的脑海（听了说话者的阐述后）

因为脑海里没有背景资料,所以完全不明白为什么A可以推论出B。

也就是说,作为咨询师,户崎先生已经和项目成员进行了各种讨论,并已总结得出结果,即从行业趋势来看,"许多企业已经进行了裁员,成本降低的空间越来越小",并且"上贺茂制作所在硬件方面比较出色,因此不宜在软件技术领域与其他公司一决胜负"。可是由于会议听众并不知晓这些前提,因此未能理解户崎先生的提案。

举一个简单的案例。某销售员提议:"因为A公司是重要顾客,所以应该与其进行交易。"该销售员在脑海里已经存在许多隐性的前提：A公司是我们公司的主要客户,在业界算是龙头老大,将来也极有可能一直独占鳌头,来自A公司的订单量一直非常稳定……然而如果听取方案的管理层并不了解这些隐性前提,恐怕就无法明白其中的纵向逻辑,如此一来,他们自然会质疑:"真是这样的吗?"

再比如说,某学生在求职面试中自我介绍道:"因为我的专业是管理学,我认为自己已经掌握了咨询方面的技巧。"该学生想当然地认为,他在管理学中学到的知识与咨询业务所需要的技能相同。然而面试官却可能会质疑:"真的是这样吗?"如果一直按照这种方式讲话,对方当然无法理解我们的意思。

若要做到有逻辑地讲话,首先我们应从质疑自己的前提条件开始。人们的脑海里往往存在着各种"隐性前提"。要想把这些隐性前提逐一找出来,最简单的方法是多听其他人讲话。在这里,其他人是指与自己的前提条件不同的人,换言之,就是与自己的经历、价值观等截然不同的人。而咨询师之所以能为各个公司提供各种有价值的提案,正是因为他是"外人"。作为一个外人,咨询师不了解公司内部共有的前提条件,因此反而能够迅速发现逻辑中的异常之处。如果你身边没有这样的人,那就想象一个与自己前提条件大不相同的人,设想他可能会提出怎样的问题。通过这种模拟训练,想必你能很快发现隐性前提。

2. 把不同性质的东西混为一谈

第二种导致纵向逻辑不合理的原因是把不同性质的东西同质化。简单来讲,是指把性质不同的事情混为一谈。请参见图2-7。说话者指出:"因为A,所以B",但是实际上,A的范围里面已经掺杂了A1、A2、A3等不同性质的东西。

图2-7 把不同性质的东西混为一谈

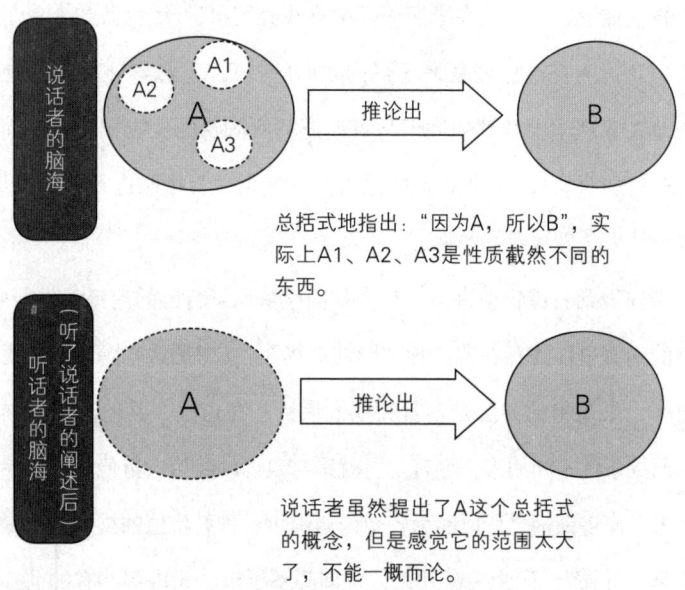

说话者的脑海

总括式地指出:"因为A,所以B",实际上A1、A2、A3是性质截然不同的东西。

(听了说话者的阐述后)听话者的脑海

说话者虽然提出了A这个总括式的概念,但是感觉它的范围太大了,不能一概而论。

故事中户崎先生最初提议道:"硬件解决方案业务应把零售业作为目标客户。"山本销售部长反驳道:"用'零售业'这个词语一概而论有些过于草率了。"户崎先生正是犯了把"不同性质的东西混为一谈"的错误。山本想要强调的是,同样是零售业,服装行业与药妆店、折扣店的顾客需求及经营方式大为不同。服装行业的商品往往款式多变,强调个性。而药妆店、折扣店则主要经营日用品,因此没法打"个性牌"。

再举一个更简单的例子。有人提议："因为看护市场将会不断壮大为重要市场，因此我们应该进入这个市场。"提议者把"看护市场"所涵盖的内容看成是一体了。实际上，看护市场包括护理床市场、护理机器人市场、护理人员派遣市场、护理保险市场等，各个市场的参与企业、顾客需求、行业结构、经营方法等可能各有不同。所以听话者听到这一提议后的反应是："真的可以这样一概而论吗？"也就是说，他们在质疑："真是这样的吗？"

再比如说，有的应届生在求职面试时被问到为何想在外资企业工作。该应届生答道："因为外资企业强调的是实力而非资历。"面试官听到后的反应却是："真的吗？"外资企业涵盖的范围太广了，不是所有的外资企业都特别强调实力至上，因此面试官才会觉得别扭。

为了能够有逻辑地讲话，我们应该学会反省自己的言论，看看自己是否把不同东西混为一谈了。特别是当我们谈及并不熟悉的领域时，就更有可能发生此类错误了。有时，我们眼里类型相同的东西在别人眼里却截然不同，因此需要特别注意。重要的是，我们应该在脑子里多问问自己："是否有必要把这件事细致分类，再进行讨论？"

3. 偶然的必然化

"偶然的必然化"是导致纵向逻辑不合理的最后一种原因。请参见图2-8。说话者指出："因为A，所以B"，可是，A和B之间的因果关系太过跳跃，听话者可能会认为这只是一个偶然事件。

图2-8 偶然的必然化

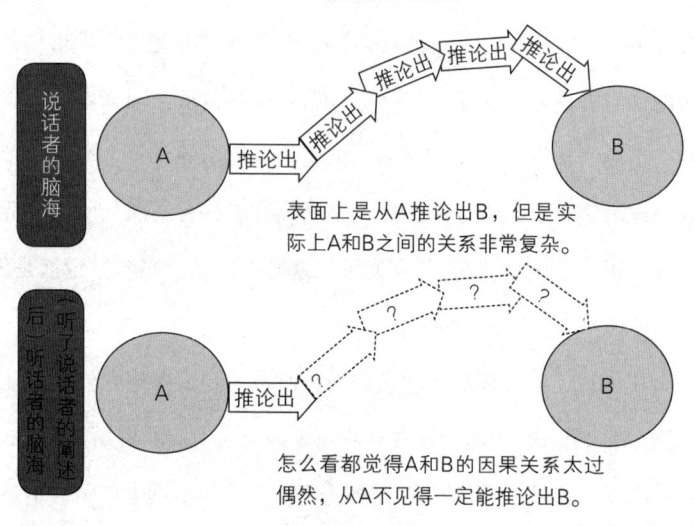

说话者的脑海

A →推论出→ →推论出→ →推论出→ →推论出→ B

表面上是从A推论出B，但是实际上A和B之间的关系非常复杂。

（听了说话者的阐述后）听话者的脑海

A →推论出→ ? ? ? B

怎么看都觉得A和B的因果关系太过偶然，从A不见得一定能推论出B。

关于"偶然的必然化"，也可以从前文的故事中找到相应的例子。例如，户崎先生曾介绍道："在开展硬件解决方案业务时不宜单打独斗，而应寻找优良客户携手合作。"然而佐藤技术部长却质疑说："实际上能否顺利实现合作呢？"在佐藤部长看来，从现阶段发展到与客户携手合作，进而推动业务部发展，这个过程并不具备"必然性"，而应将其视为偶然发生的事情。因此他才会质疑："真的吗？"

再举一个简单的案例。某制造商的销售人员对某零售店的管理人员说："如果贵店把我们公司的产品摆在货架上，肯定会卖得很好。"该销售人员理所当然地以为，但凡手头有足够钱的顾客，只要进店看到他们公司的产品，就会产生兴趣，然后拿到手上研究用法，继而决定购买。可是事实上这一系列现象不一定会发生。很有可能其因果关系会在某个环节断掉，因此，销售人员所谓的"肯定会卖得好"在零售店管理人员看来还有待考虑。

要判断自己所说的话中的因果关系是偶然还是必然，应从头到尾地思考哪些因素可能会破坏因果关系。首先请想象一下具体情形，然后按照时间顺序想象最坏的情形。这样你就能够轻易发现阻断因果之间联系的主要因素。倘若你无法针对各个因素做出说明，那就不可能打消掉他人对真实性的质疑。

● **如何消除导致纵向逻辑薄弱的因素**

上文中介绍了导致纵向逻辑薄弱的三个主要原因，以及相应的解决办法。简而言之，所谓纵向逻辑，是指"因为A，所以B"，如果该逻辑达到了"任何人都认同的状态"，那就肯定没有什么问题。如果该逻辑未能得到他人的认同，无非是因为这三个原因。

- A（B）范围过小……明明脑子里想象到了各种情况，却只阐述了A这一种情况。即前提设定过于模糊。
- A和B的范围过大……A所涵盖的内容较广，说话者却把其中的不同内容混为一谈。也就是说，各种情况都被混杂到一起了。
- 推论过程奇怪……明明因果推论非常牵强，说话者却将其视为理所当然。也就是说，说话者把偶然误以为是必然。

只要解决上述三个原因，我们就能制作出合理的纵向逻辑。实现了这一点后，就不会再有人质疑"真是这样的吗"。

● **要点**

建立纵向逻辑

1. 所谓纵向逻辑,是指"因为A,所以B",即该逻辑达到了"任何人都认同的状态"。

2. 当对方质疑真假时,说明我们的纵向逻辑存在不合理的地方。

3. 导致纵向逻辑薄弱的三个主要原因:

(1)想当然地认为对方能够理解自己脑海里的隐性前提,没有把所有的前提条件罗列出来。

(2)把性质不同的东西混为一谈。

(3)把偶然事件视为必然事件。

4. 只要解决上述三个因素,就不会再有人质疑"真是这样的吗"。

第2节　建立横向逻辑

● **横向逻辑的组合**

当对方问道"仅仅如此吗？"的时候，我们应如何构建横向逻辑以回应对方的质疑？

合理的横向逻辑是指任何人都能看懂的总分关系，没有遗漏和重复。这就是所谓的MECE分析法（Mutually Exclusive, Collectively Exhaustive）（图2-9）。最近，MECE这个词汇似乎相当流行，常能听到别人提及MECE分析法。

图2-9　何为MECE？

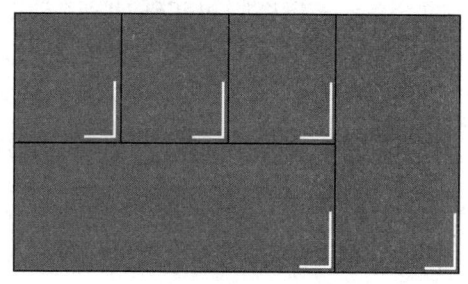

没有遗漏和重复的状态

举几个简单的例子,"男和女(总体是'人类')"、"吃、睡、玩（总体是'闲暇时间'）"等都可称为MECE。虽然人们对于整体的把握方式各有不同,但是只要尽可能做到覆盖范围广、分类细致,想必任何人都会接受我们的逻辑,不会质疑道"仅仅如此吗"。

那么,要想做到MECE,我们应该怎样去做呢？可能有些曾经尝试过这种方法的读者已经注意到,要实现MECE可谓说起来容易,做起来难。我在和咨询公司的新职员以及客户打交道时发现,很多人都烦恼于简单的事情可以用MECE来分析,可是到了做企划、演讲等实践场合时,却难以达到理想状态。

接下来我将为大家展现本书的特色,就为何在现场、实践中难以实现MECE状态进行说明。即发掘对方为何质疑"仅仅如此吗"的原因。

● **为何无法实现MECE状态**

请参考如下几个例子。

大家认为这几个例子是否达到了MECE的状态,即总分关系合理、没有遗漏和重复。

1. 因为该市场正在不断壮大,且商品价格较高,所以应该加入这一市场。

2. 我之所以想要应聘咨询公司,是因为我想让大家认可我的专业度,在工作中做到独当一面。

3. 我部门本年度的目标是：减轻环境负荷、不迟到。

看了第一个例子，单从给出的这两个理由来看，想必没有人会认为这样就已经全面探讨了进军市场所需要的要素了吧？试想一下，就算市场正在不断扩大，倘若市场竞争相当激烈、价格竞争格外严峻、技术上的可行性非常有限，那么也绝对无法把该市场称为一块"肥肉"。

至于第二个例子，说话者的意思并不难懂，可是听了之后却会觉得怪怪的。虽然"让大家认可我的专业度"与"在工作中做到独当一面"貌似有些许不同，但两者之间又存在着相似之处。

而第三个例子则会让人感到有些突兀。"减轻环境负荷"与"不迟到"是两个相去甚远的概念，突然把这两个话题放在一起去讲，反而让听话者搞不清楚总体目标到底是什么。

接下来让我们思考一下为何上述三个例子没能实现MECE的状态。第一个例子存在遗漏，换言之，未能把握整体事项。第二个例子则存在重复。MECE的定义是"没有遗漏和重复"，第一和第二个例子显然没有达到这一标准，因此人们在看到这两个例子后会立刻发现其中的问题，质疑"仅仅如此吗"。

而第三个例子则比较复杂。乍一看去让人搞不明白意图何在，很想追问一下"本年度的部门目标就这两项吗？为什么？"然而听话者说不上来"减轻环境负荷"与"不迟到"以外是否还有遗漏，两者之间是否存在重复，因此就算想要质疑却不知应如何开口。

如果是"男和女"、"吃、睡、玩"这类简单的例子，无论是谁都能分辨出是否达到了MECE的状态。然而现实生活中，第三类非MECE

状态最为常见。那么，第三类到底存在怎样的问题？到底是哪个部分令人感到奇怪？我将在接下来的部分解释。

● 体会语言中的层次感

第三类例子未能达到MECE状态的原因在于语言的层次感存在差异。在咨询及商务活动现场，或者招聘面试等场合中的谈话和讨论中会涉及多种概念，那些概念错综复杂，往往不在同一角度，因此，人们的语言往往会呈现出一种"扭曲的状态"。所谓"扭曲的状态"，是指语言不在同一平面，也就是说，在我们检查遗漏和重复之前，表述中就已经混杂了相去甚远的概念，听起来让人感到摸不清头脑。事实上，在我们讨论有没有遗漏或重复之前，"相去甚远的概念混杂在一起"正是最为常见的非MECE状态。正因如此，许多人才会抱怨："明明懂得MECE分析法的简单例子，可实践起来却很难。"

"没有遗漏和重复"是个非常简单易懂的概念，但其往往只会让我们联想到两个角度。大多数书籍在描述MECE时基本都是从两个角度进行解释说明的。可是，假如要把多角度的概念按照两个角度的方式进行分割则相当困难。结果必然导致烦恼滋生："总感觉这不是MECE的状态，可是怎样做才能实现MECE的状态呢？"（图2-10）

"语言的层次感"是一个非常重要的概念。首先我们要做的是，把不同角度的概念归拢到同一平面。这点尤为重要。完成了这一步后，才能开始讨论遗漏和重复等问题。要把错综复杂的概念整合为MECE的状态，就必须遵守上述两个步骤。

图2-10　把层次感不同的语言合为同一层次

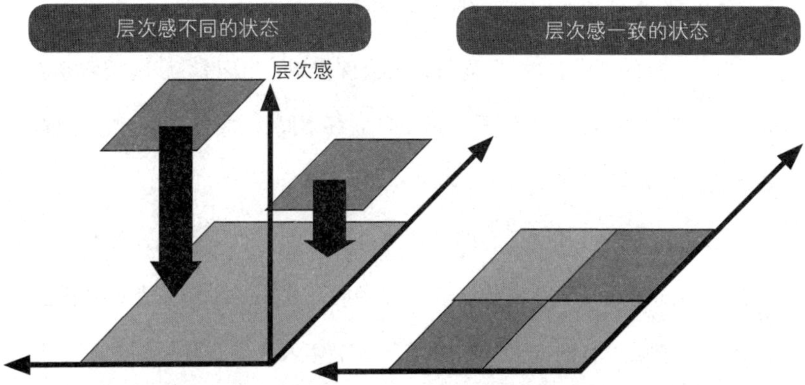

在我们检查重复和遗漏之前,表述中就已经混杂了相去甚远的概念。

当层次感保持一致时,才能开始讨论遗漏和重复等问题。

● **把不同角度的概念归拢到同一平面**

为了让大家更加清晰地理解"语言的层次感"这一概念,请允许我继续以故事的形式来说明。

Precena咨询公司的户崎先生指出:"在选取零售业中的重要客户时,我们关注的是哪个企业比较先进、成长态势良好。"山本销售部长反驳道:"我们先不讨论先进性、成长态势这个话题。我想确定的是,您瞄准的到底是哪个行业?"由于山本的提问与户崎的表述完全不在同一角度上,户崎一瞬间感到相当迷惑。很明显,"先进性、成长态势"与"行业"属于不同角度的概念,二者的对话呈现出"扭曲的状态"。

话说回来,为什么说话者和听话者感受到的语言层次不在同一角度?原因有二。

第一,说话者和听话者的"立场"不同。也就是说,面对同一概念,不同的人会有不同的看法。比如说,发工资这天,普通员工会心想:"这个月的工资真少。"而管理者或许会想:"还得继续削减劳务费开支。"正是因为"雇主"与"员工"立场不同,二者对同一概念的看法才会出现差异。

第二,说话者和听话者的"切入点"不同。也就是说,面对同一概念,不同的人会从不同的切入点开始展开联想。举例而言,同样是看到一个苹果,有的人会从"食用"这个切入点展开联想到这个苹果"看起来很好吃""看起来很难吃""可能会很酸"。有的人则会从"绘画"这个切入点展开联想到这个苹果"真圆""红彤彤的""很好看"。如此这般,即使面对的是同一种事物,切入点不同,对事物的把握也会截然不同(图2-11)。

图2-11 语言层次不在同一角度

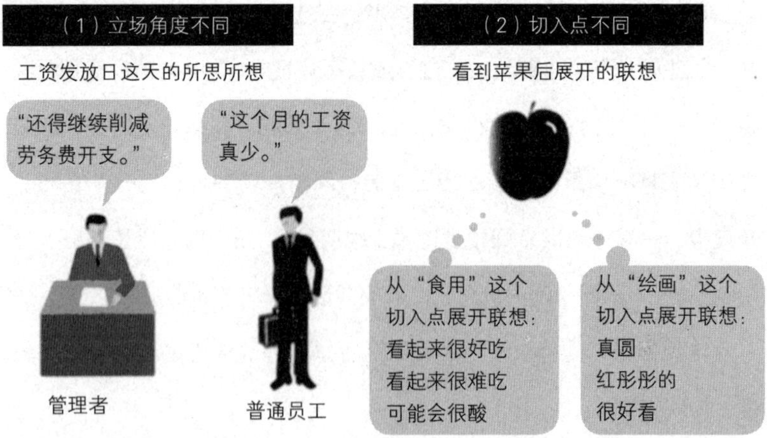

(1)立场角度不同

工资发放日这天的所思所想

"还得继续削减劳务费开支。"

"这个月的工资真少。"

管理者　普通员工

(2)切入点不同

看到苹果后展开的联想

从"食用"这个切入点展开联想:
看起来很好吃
看起来很难吃
可能会很酸

从"绘画"这个切入点展开联想:
真圆
红彤彤的
很好看

要想把从不同角度出发得到的概念归到同一平面，避免出现"牛头不对马嘴"的现象，我们必须注意，即使是同一家公司的员工，也会因部门、职位等不同而持不同的看法。

针对语言层次不在同一角度的两个原因，我在下文中相应提出了两点解决办法。

1. 让说话者和听话者站在一致的"立场"

让我们再次回到之前的故事当中。户崎先生认为，应该以"先进性、成长态势"为标准选择和哪类客户企业优先合作。对此，山本销售部长则认为应以"行业"及"顾客需求"为标准进行选择。由于两者的立场不一致，导致对话呈现出"扭曲的状态"，因此户崎先生才会感到大惑不解。作为一名咨询师，户崎先生被委以重任，负责从整体上推进新业务的建设。因此，户崎先生的"立场"与业务责任人等同。户崎先生认为，为了让这个没有先例的业务取得成功，首先要让客户对己方感兴趣、愿意开展合作，因此他才尤为强调"先进性"这一标准。况且新业务的建设尚处于起步阶段，所以，和成长态势良好的客户携手合作为上策，"成长态势"自然也就成为了标准。

可是山本销售部长却完全站在了销售部门的立场。因为具备推销商品的经验，他很轻易地就联想到不同行业的不同经营方式，因此才提出把"行业"作为选择标准。而且现场推销时常能听到客户的反馈，所以在山本销售部长看来，"顾客需求"同样是不可缺少的标准。由此可见，户崎先生与山本销售部长的立场角度截然不同。上贺茂制作所现阶段的目的是把解决方案业务建立起来，显然，户崎先生的立场角度更为正确，因此有必要让山本销售部长转换视角，从业务责任人的立场角度思考问题。幸运的是，听了户崎先生的说明以后，山本部长顺利转换了角度，不再对此持有异议。

让说话者和听话者站在一致"立场"的关键在于，确认对方是以何种立场来思考问题的。

2. 让说话者和听话者的"切入点"一致

山本部长从"不同的立场角度"出发提出了第一个问题，其后又从"不同的切入点"出发提出了第二个问题。第一个问题在得到户崎先生解答之后，山本部长顺利从营业切换到业务负责人的角度。虽然山本与户崎的角度已经一致，可是对话仍然存在分歧，这是因为二者的"切入点"不同。也就是说，二者预想的场景不同。

作为一名业务负责人，户崎先生理所当然地把"创建业务"放在了首位，为了能够迅速打入解决方案业务的市场，他以"先进性和成长态势"为标准选择合适的合作对象。然而山本部长虽然已经转换到业务负责人的立场角度，但他设想的却是业务已经一定程度步入正轨的场景，因此他关注的标准是"'蛋糕'的份额以及客户是否财大气粗"。上贺茂制作所的解决方案业务毕竟尚未开始创建，所以户崎先生的意见更为符合实际。听了户崎先生的解说后，山本部长表示理解，二者顺利达成共识。

让说话者和听话者的"切入点"变为一致的关键在于，确认对方设想的是何种场景。

● **如何实现MECE状态**

完成了上述步骤之后，语言层次终于归到同一平面。也就是说，我们可以开始在同一角度讨论遗漏和重复的问题。当语言层次在同一平面时，对你来说，用MECE分析问题就不会很难了，来自听话者"仅仅如此吗"的质疑也会消失。

既然已经进行了各种先期准备，接下来我会就"MECE状态"展开详细的解说。

1. 使用架构

许多书籍中都强调："要想避免遗漏，应该采用架构来思考问题。"所谓架构（Framework），是指"思考事物时的框架"。比如说，"A、B、C构成一个整体"，其"框架"就是"整体＝A+B+C"。在此举几个有名的例子。

- 5P营销理论：该理论认为，营销策略一般是指产品策略（Product）、价格策略（Price）、渠道策略（Place）、促销策略（Promotion）、包装策略（Package）。
- 3C战略三角模型[①]：在确立公司战略及业务战略时，应考虑到三

---

① 3C模型（战略三角）是由日本著名咨询管理学家、经济评论家大前研一提出的。——译者注

个关键因素（3C），这样才有可能取得成功。3C是指：公司顾客（Customer）、竞争对手（Competition）、公司自身（Corporation）。
- 产业竞争的五力分析[①]：探讨竞争战略时应关注五种力量，即来自现有竞争者的威胁（Intensity of competitive rivalry）、来自潜在进入者的威胁（Threat of new entrants）、来自替代品的威胁（Threat of substitute products or services）、来自供应商的议价能力（Bargaining power of suppliers）、来自买方的议价能力（Bargaining power of Buyers）。（迈克尔·波特）

此外还有描述企业整体活动的架构，如，麦肯锡7S模型[②]、理特咨询公司的SPRO模型[③]和SPCO模型[④]等。AIDAS原理[⑤]描绘出了消费者决定购买时的心理过程，PDCA循环[⑥]则揭示了持续改善产品质量的过程，等等。

---

① 产业竞争的五力分析（Porter five forces analysis）是迈克尔·波特教授于1979年提出的架构。迈克尔·波特教授是哈佛商学院著名教授，被商业管理界公认为"竞争战略之父"。——译者注
② 麦肯锡7S模型（McKinsey 7S Model）是麦肯锡公司（McKinsy & Company）设计的企业组织七要素，包括共同的价值观（Shared Value）、战略（Strategy）、结构（Structure）、员工（Staff）、技能（Skill）、制度（System）、风格（Style）。——译者注
③ SPRO模型包括：战略（Strategy）、流程（Process）、经营资源（Resource）、组织（Organization）。——译者注
④ SPCO模型包括：战略（Strategy）、计划（Plan）、管理（Control）、操作（Operation）。——译者注
⑤ AIDAS原理包括：注意（Attend）、兴趣（Interest）、欲望（Desire）、行动（Action）、满意（Satisfy）。——译者注
⑥ PDCA循环又叫质量环，包括：计划（Plan）、执行（Do）、检查（Check）、行动（Act）。——译者注

上文中提到的框架都相当经典，很多都可以直接照搬，轻易达到MECE的状态。但是需要注意的是，这些有名的框架不过是帮助我们实现MECE状态的工具，并不一定适用于所有情况。有些人不了解这一点，不顾具体情况如何，生搬硬套自己知晓的某个框架，效果往往不佳。

比如说，上文中提到的5P营销理论仅仅是用来描述营销策略的整体结构的。如果把这一理论强行应用于管理革新上，最终你可能会抱怨："用5P营销理论分析我公司的管理课题，没想到得出结论说宣传推广方面出现了问题！"（在此请允许我赘言几句，5P营销理论是从营销活动的角度展开的，并不是为了分类管理课题。）

要想避免被他人质疑"仅仅如此吗"，我们应该做到站在合理的立场和角度，从合理的切入点出发把握整体，根据具体情况采用合适的架构。

2. 避免遗漏

如果我们已经预先记住了多种框架，那么许多情况下确实可以应用这些框架。然而若要做到所有情况下都能整体掌控全局，让听话者心服口服，单靠现有框架恐怕无法实现。我们必须拥有足够的想象力，能够自己编织出崭新的框架。而这正是战略咨询师的必备技能。不过大多数情况下，咨询师们只是在大脑中无意识地处理各种信息，很少用语言进行具体的描述。那么，我们具体应该如何去做才能构筑出全方位、无死角、无遗漏的框架呢？

个人认为答案是"发挥六维度的想象力"。我们日常是在三维的世界活动。可是，除了眼前可见的三维世界，实际上还存在着一个看不见的三维世界。看不见的三维世界中，时间的流动是一个维度，在我们看不见的地方所发生的信息、电力、交易等物质的流动又是一个维度，还有一个维度是人们的心情和习惯（图2-12）。听起来这个切入点似乎有些不可思议，但是从笔者的经验来看，世上所有事物基本都可以用这六个维度把握整体事项。

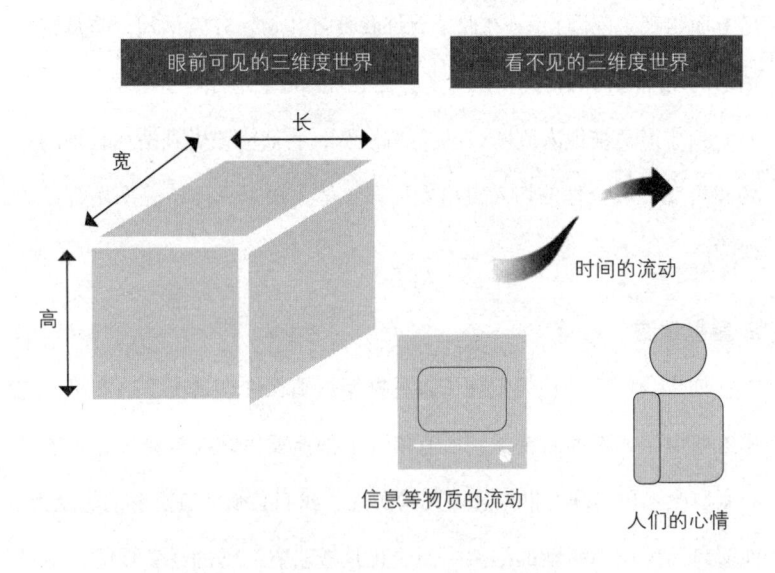

图2-12 发挥六维的想象力

眼前可见的三维度世界　　看不见的三维度世界

长
宽
高
时间的流动
信息等物质的流动
人们的心情

让我们试着用六维度的想象力想象"5P营销理论"。闭上眼睛，试想一下产品热销的情景。首先要有产品（Product），产品被包装的非常精美（Package），有客人前来卖场购买（Place）。这就是我们眼前可见的三维度世界。然后让我们扩大范围，想象时间和眼前不可见的各种物质的流动，在产品热销之前的那段时间，电视、收音机等会对产品进行宣传（Promotion）。最后，考虑到顾客的心情，产品被标上合适的价位（Price）。

如此这般，只要我们意识到了六维度的存在，某种程度上就能描绘出任何框架。千万不要仅依赖现有的框架。重要的是，我们要动脑思考，自己勾勒出崭新的架构，把握全局，避免遗漏。学会了这项技能，不论是在何种时候何种场合，都不会有人提出质疑："仅仅如此吗？应该还有其他东西吧？"

3. 消除重复

现在还剩最后一步，那就是检查自己的框架中是否有重复的项目。如果只是"男和女""吃、睡、玩"这类简单的事物，任何人都能一眼判定是否存在重复。然而如果是商务现场中出现的复杂话题和概念，就比较难以判定了。

前文第二个例子当中，乍一看去，我们很难判定"让大家认可我的专业度"与"在工作中做到独当一面"是否存在重复。而现实中的情况则更为复杂，更难判断是否存在重复。为此，我想出了一个简单的查重方法，将其命名为"MECE模型"（图2-13）。顺便说一句，"MECE模型"是我自己造的名词，并非通用术语。

图2-13　MECE模型的查重实例

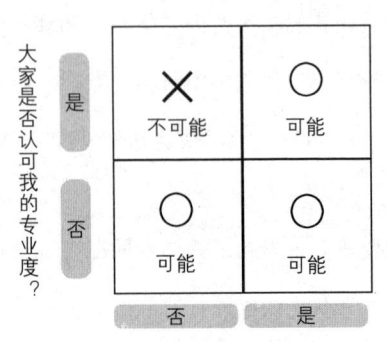

	否	是
是	× 不可能	○ 可能
否	○ 可能	○ 可能

大家是否认可我的专业度？

我是否在工作中做到了独当一面？

　　为了判断是否存在重复，"MECE模型"把两个命题分别排列在纵轴和横轴。纵轴和横轴又分别简单地划分为"是"和"否"两栏。把第二个例子套进去后，"大家是否认可我的专业度"被放在了纵轴，"我是否在工作中做到了独当一面"被放在了横轴。纵横轴均分为"是"和"否"两种情形，如此一来就组成了一个2×2的格子。每个方格都用来判定"是否可能"。

　　当纵横轴均为"是"时，即"大家都认可我的专业度，我在工作中做到了独当一面"。这种情况显然是可能的，因此右上角的格子画○。

　　倘若"我在工作中无法做到独当一面"，大家显然不会"认可我的专业度"，左上角的格子画×。至于其他两种情形则都有可能发生，左下角和右下角的格子都画○。最后发现，四个格子里有三个格子都画○。

　　看到这里，请大家联想一下以前在数学课上学习过的"集合"。假设把"大家都认可我的专业度"作为集合A，把"我在工作中做到了独当一面"作为集合B，集合B完全包含集合A，两者的关系一目了然。也就是说，两者之间存在重复（图2-14）。

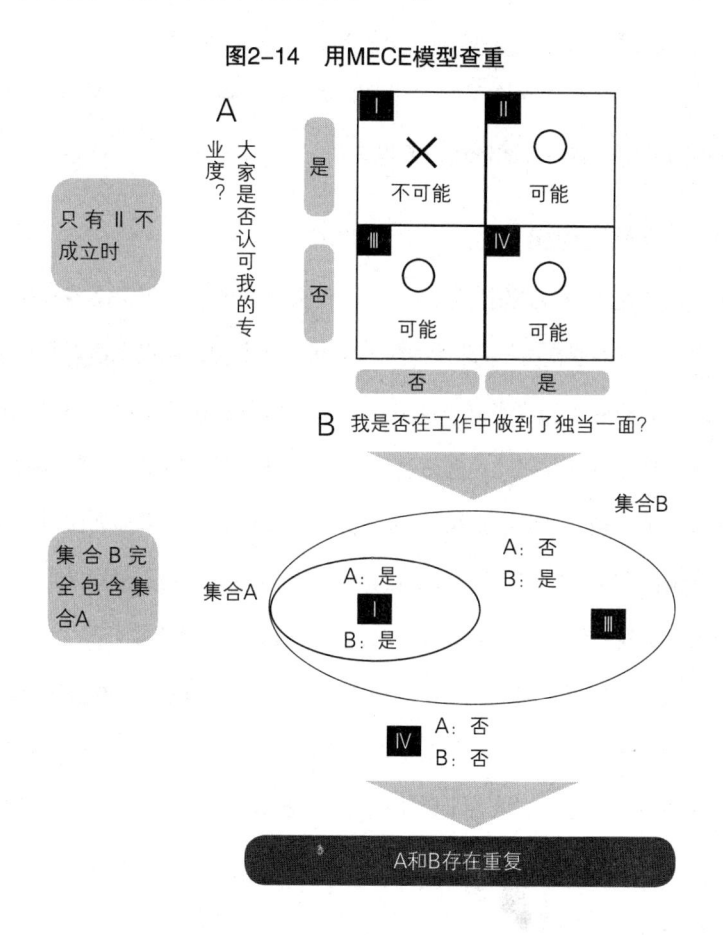

图2-14 用MECE模型查重

如此这般，查重任务告一段落。最后要做的就是消除重复的内容。既然我们已经发现B完全包含A，那么只需提取出B当中不含A的那一部分——A与（B-A）肯定不会重复。

举例来说，就是"虽然负责一项工作，但是并不专业"，换个词来形容就是"负责带领团队"。关于应聘理由，第二个例子可以做如下改动。

"我之所以想要应聘咨询公司的职位，是因为我想作为一名可以独当一面的人才负责某项工作。具体而言，我想成为一名专业、自信的咨询师，带领客户及团队成员开展工作。"

● 完成横向逻辑

在"建立横向逻辑"这一章节，我指出考虑横向逻辑之前首先应关注"语言的层次感"。即使面对的是同一种事物，如果说话者与听话者的立场角度、切入点互不相同，那么他们对事物整体的把握方式必然也会存在不同，如此一来就会造成"鸡同鸭讲"的局面。也正因此，许多人感慨道："明明懂得MECE分析法的简单例子，可却无法将其应用于工作和生活中。"请大家务必注意，当对方的立场角度以及思考的切入点与我们不同时，甚至有可能会远远偏离我们的想象。

当我们把语言层次归到同一平面后，便终于能够开始讨论MECE的问题了。这时我们需要做到的是避免遗漏。为此，我们必须给"整体"下一个合适的定义。倘若未能正确定义"整体"，再怎么努力避免遗漏也是白费工夫。利用已有的知名框架来把握整体无疑是个轻松省事的好办法，不过，若要成功应对各种情况，最好还是自己动脑，勾勒出崭新的框架。

在勾勒崭新架构之时，我们应发挥六维的想象力。六维的想象力包括眼前可见的三维世界和看不见的三维世界。闭上眼睛，先想象一下眼前可见的三维世界，在此基础上想象时间的流动、信息等物质的流动、人们的心情等看不见的三维世界。按照这一流程思考，肯定能做到毫无遗漏地把握整体事项。

最后一步是消除重复。为此，首先我们应懂得查重。如果是简单的事物，我们一眼就能看出是否存在重复。然而如果是复杂的概念，可以利用"MECE模型"进行查重。发现概念之间确实存在重复之后，可以进行减法运算，找到另一个不重复的概念进行替代。

总而言之，只要我们做到把语言层次归到同一平面，正确预想整体结构，消除重复，就能制作出完美的横向逻辑。一旦实现了上述几点，肯定不会再有人质疑："仅仅如此吗？"

● 最终形成金字塔结构

至此阶段，终于完成了纵向逻辑和横向逻辑。我们把纵向逻辑和横向逻辑组合到一起，最终形成了一个类似于金字塔般的结构。如图2-15所示，纵向逻辑和横向逻辑井然有序地罗列在一起，最顶层则是说话者的"主张"。每个横排都由横向逻辑构成，总分关系极为清晰，没有遗漏和重复，因此不会有人质疑"仅仅如此吗"。此外，各个项目的逻辑皆由纵向推论得出，因此不会有人质疑"真是这样的吗"。像这样，只要我们充分理解纵向逻辑和横向逻辑的原理，构筑出金字塔结构的组合，我们的整体逻辑必然极具说服力。

金字塔结构堪称逻辑思考的集大成，要达到这一高度，首先必须具备构筑纵向逻辑和横向逻辑的能力。倘若缺乏相应能力，一开始就想构筑出金字塔形逻辑组合无异于痴人说梦。纵然能够描绘出金字塔结构的轮廓,要想使其具备足够的说服力,必须合理构建纵向逻辑和横向逻辑。倘若仅仅满足于形式上的金字塔结构,我们的逻辑思考能力就无法得到很好的锻炼。

本章就纵横逻辑的构筑能力,即逻辑思考能力进行了解说。逻辑思考能力是商务专业人才所需具备的最重要的能力。而下一章的"假说验证能力"及本书续篇将要提及的"问题解决能力"等基本能力都以逻辑思考能力为前提。

让我们努力锻炼纵横逻辑的构建能力,多问自己几遍"真这样的吗""仅仅如此吗"。最终我们必然能够构建出不被他人质疑的完美逻辑。

图2-15 纵向逻辑和横向逻辑的最终组合形态——金字塔结构

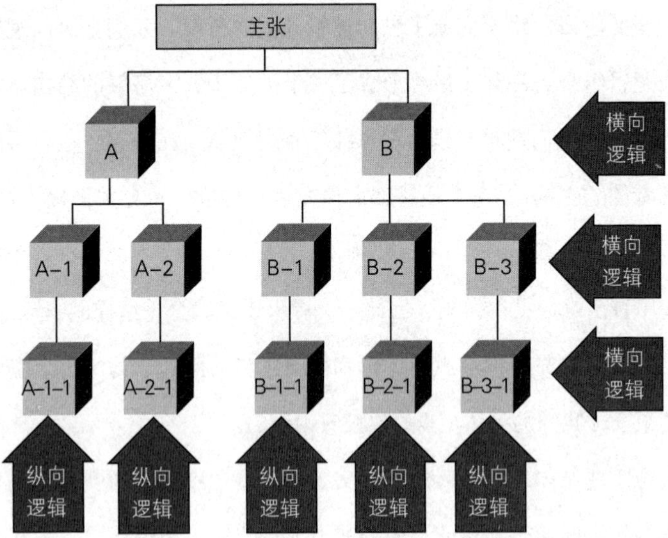

● 要点

建立横向逻辑

1. 合理的横向逻辑是指合理定义整体,没有遗漏和重复。

2. 由于现实世界相当复杂,人们对事物的看法各有不同,所以首先应注意说话者与听话者的"语言的层次感"是否一致。

3. 为把说话者与听话者的语言层次归到同一平面,应考虑如下两点:

(1) 确认对方是以何种身份立场思考问题的。

(2) 确认对方设想的是何种场景。

4. 当我们把语言层次归到同一平面后,我们必须给"整体"下一个合适的定义。倘若未能正确定义"整体",再怎么努力避免遗漏也是白费工夫。

5. 利用已有的知名框架来把握整体无疑是个轻松省事的好办法,但应做到具体情况具体分析。

6. 在勾勒崭新框架之时,我们应发挥六维度的想象力。

(1) 眼前可见的三维度世界。

(2) 看不见的三维度世界。

7. 避免遗漏之后,最后剩下的工序是消除重复。如果是复杂的概念,可以利用"MECE模型"进行查重。

8. 一旦制作出完美的横向逻辑,肯定不会再有人质疑"仅仅如此吗"。

9. 金字塔结构堪称逻辑思考的集大成者,然而它的构建决非一蹴而就。

10. 逻辑思考能力是假说验证能力、问题解决能力等所有能力的基础,也是最为重要的技能。

第3章

验证假说能力

回答疑问的步骤

STORY-3　最终报告的失策

● **暴风雨前的宁静**

　　上贺茂制作所顶楼的休息室里，户崎先生与平泉先生、川岛先生正在等待与宫里社长会面。此时宫里社长正在开会，会议时间似乎比预想的要长。想到之后即将开始的报告会，等待中的户崎不禁有些忐忑，担心会不会出什么问题。大约过了30分钟，一位女秘书出现在休息室，引领三人走向了楼层尽头的木质大门。打开这扇厚重大门的是中山先生。

　　"抱歉，刚才因为有其他事情要处理，会开得有些久。快请进。"

　　一边说着，一边将三人引至社长办公室。宫里社长就坐在办公室最里面的沙发上。为了推进硬件解决方案业务，此前户崎等人曾在多个会议室做过报告研讨，然而在社长专用的接待室做报告却是头一次。关于这一点，户崎先生多少有些疑惑。既来之，则安之。环顾室内环境，桌子有些矮，沙发是皮革的，总体给人一种豪华的感觉。

　　"请随便坐。"

　　中山先生催促三人入座。待三人坐好，宫里社长开口寒暄道："最近在办祇园祭①。明天就是'宵山'②。各位以前看过祇园祭吗?"

川岛先生答道:"别说祇园祭了,就连京都我也只在修学旅行时来过。要不是因为这个项目,我都没机会过来。"

"那真是太可惜了。不过祇园祭主要就是为了看花车游行。既然你们以前没看过,这次可一定要去看啊。今晚是'宵宵山'③,虽然不比明晚热闹,但还是能看到不少花车和摊位。当然,人也特别的多。"

"这样啊……难得来一趟京都,可惜几乎没走出过酒店。"川岛的话语中夹杂着一丝惋惜。

宫里社长笑言:"那今天的报告会要早些结束,不能耽误你们去玩!"

户崎先生一边随声附和,一边从包里取出最终报告会所需要的材料。他把厚厚的材料摆在桌上,准备开始汇报具体的商业计划以及未来的项目安排。终于要在宫里社长面前汇报4个月来反复讨论的结果了,不知宫里社长会有怎样的反应?待秘书上好茶水,户崎先生开始了讲话。

---

① 祇园祭:日本京都市每年一度的节庆,起源于公元869年,目的是祈求洁净及消除瘟疫。祇园祭是"京都三大祭"(葵祭、祇园祭、时代祭)之一,同时也是"日本三大祭"[祇园祭(京都)、天神祭(大阪)、神田祭(东京)]之一。每年7月1日至31日举行,时间跨度长达一个月。7月17日为"前祭",24日为"后祭",著名的传统花车巡游就是在"前祭"和"后祭"这两天举行。——译者注
② "前祭"和"后祭"的前夜,即7月16日和23日就是"宵山",意指本祭前夜举行的小祭。——译者注
③ 7月15日和7月22日被称为"宵宵山"。7月15日"宵宵山"和16日"宵山"这两天会有夜市,许多小贩都会在街旁摆摊。——译者注

"非常感谢大家百忙之中抽出时间参加最终报告会。今天我将根据硬件解决方案业务的方向性，进行具体的汇报商业计划。自从中间报告会结束以来，已经过去了两个月。大家手头的资料记录着两个月来我们反复研讨的成果。汇报加上讨论总共大约需要两个小时。"

　　看到宫里社长默默点头之后，户崎先生正式展开演讲。

● 户崎的提案要点

1. 对中间报告会的回顾

- 上贺茂制作所的解决方案业务应致力于"强化和客户的关系"以及"帮助客户增加销量"。
- 该业务瞄准的客户对象是先进性较高、成长态势良好的零售业企业。
- 在开展业务时不宜单打独斗，而应寻找优良客户携手合作。
- 为顾客提供的价值在于激发顾客对知识的好奇心。

2. 今日提案

（1）在塔里克丝公司的店铺内安装复合型终端。

（2）复合型终端具备如下功能：

- 视听新歌
- 根据歌词或曲调查找歌名
- 印刷歌词卡
- 购买演唱会门票

（3）销售计划如下：

- 第0年……负3亿日元
- 第1年……1亿日元
- 第2年……5亿日元
- 第5年……20亿日元

（4）资源计划如下：

- 人员……营业人员3名、技术人员5名
- 费用……2亿日元

（5）业务推进日程具体如下：

- 今年下半年……开始研发系统
- 一年后……推出1号原型机，把1号机实际安装在店铺
- 两年后……正式推进硬件解决方案业务，暂时先在东京都内的10家塔里克丝店铺导入终端。
- 5年后……在塔里克丝公司旗下的所有店铺安装终端。

● **巨大的误会**

　　户崎先生制作的商业计划有条有理，他觉得无论是谁都会赞同他的主张。不仅是户崎先生，在旁倾听的中山先生同样深信方案必然能够通过。可是，现实却与预想相反，宫里社长的表情相当严峻。他来回翻动着手上的资料，仔细阅读各个条目，很长时间都不发一言。

　　过了许久，宫里社长语气沉重地问道："听了你的说明，似乎你们已经决定和塔里克丝公司展开合作了。目前已经和对方接触了吗？"

　　宫里社长的提问完全偏离了正题。户崎先生在本次报告会上介绍

了和塔里克丝公司的具体合作方式。然而宫里社长对于户崎方案中的大前提，即和塔里克丝公司合作这件事感到难以接受。户崎先生心里咯噔了一下。他抬头看了看中山先生，中山先生的表情同样有些沉重。

"目前还没和塔里克丝公司接触吧。为什么我们一定要和其他公司合作？为什么合作的话一定要找这家公司？你们有没有好好讨论过这些问题？"

听了宫里社长的质疑，户崎先生连忙解释道：

"对于贵公司而言，硬件解决方案业务是一个崭新的业务。开发产品时必须充分了解客户所在的行业以及客户的业务内容。因此我们认为贵公司不宜从零开始一切都自己摸索，而应和客户企业携手合作，从客户那里吸收各种相关知识。如此一来，产品开发必然会更有效率。"

"嗯，姑且赞同你的说法。不过我们为什么要选那家公司合作呢？"

户崎先生继续解说，要点具体如下：塔里克丝公司主营录像带、CD、DVD新品及二手商品的贩卖和租赁业务，这与他们设想的业务内容非常契合。且该公司主要在东京都内经营店铺，地理位置优越，平均每年以10%以上的速度高速成长。目前已拥有100多家连锁店，规模相当可观。再者，该公司和上贺茂制作所一样，由社长独立创办，属于比较典型的家族企业，因此预计该公司的企业文化应该与上贺茂制作所类似。

● **留下的作业**

"我明白你的意思了。不过我还是觉得不够满意。"

尽管户崎先生费尽口舌,宫里社长仍然表示难以接受。

"那家公司真的能和我们公司合作成功吗?"

户崎先生和中山先生都不知道该怎么回答了,一时间两人都陷入了沉默。确实,两个人无法肯定地回答能够和这家公司合作得很成功,也没有办法证明。户崎先生和中山先生也只好一直沉默,而宫里社长则继续追问:

"你们刚才跟我说,因为对方公司也是由社长独立创办,同样是典型的家族企业,所以和我们公司的企业文化类似。虽说如此,假如创办者和我完全不是一类人,估计他们的企业文化也会和我们大不相同。他们公司的社长是怎样的人?你们能稍微调查一下吗?"

户崎先生和中山先生沉重地点了点头。此时,太阳已经西斜,光线开始变暗。

"嗯,今天已经挺晚了,暂时到此为止吧。大家不是还要去看祇园祭吗?"宫里社长笑着说道,"我一般不会把东西讲得很细。毕竟人和人不同,不同的人会有不同的疑问,需要对方做出不同程度的解释。你们必须做出一个完美的方案,把所有细节都解释清楚,争取让所有人看了之后都表示赞同。这就是你们今后的作业。"

说完,宫里社长拍了拍两人的肩膀,然后走出了房间。

序节　何为验证假说能力

● 逻辑思考的陷阱

有时，即使我们做出了有逻辑的说明，对方仍然表示无法接受。明明我们已经尽力避免对方质疑"真是这样的吗"和"仅仅如此吗"，怎么对方还是不肯认同我们的方案？

故事中，户崎先生提交了一份逻辑正确的方案，他理所当然地认为宫里社长必然会表示认同。然而宫里社长却完全没有接受他的方案。其原因何在？这是因为户崎先生的解说没能解开宫里社长的疑问。

宫里社长提问的重点在于是否有必要找其他企业合作？如果一定要采取合作的方式，为什么要选择塔里克丝公司？然而户崎先生自始至终都把能和塔里克丝公司合作视作一个大前提，重点讲解了具体的合作方式。他没想到宫里社长会对这个大前提表示质疑，因此未能做出说明。二者的问题意识既然已经不在同一个平面，没能说服宫里社长也就不足为奇。

由此可见，就算你的意见在逻辑上是正确的，对方也不见得会表示赞同。倘若一味罗列对方不肯接受的理由，结果只会是"为了逻辑而制造逻辑"，或者被认为是"强词夺理"。

在商务场合中，最重要的是要说服对方、使其从心底感到理解并愿意付诸行动。逻辑思考是基础的能力，而非目的。归根到底，如果以为仅靠逻辑思考这一基本能力就能解决所有问题，那就大错特错了。我们必须有目的地罗列理由、阐述主张。倘若没有回答对方的疑问，即使再努力解释对方没问过的问题，对方最终还是不会认同。那么，我们应如何去做，才能提前猜想到对方的疑问呢？

● "地毯式轰炸般提问"和"无凭无据的断言"

回答对方的疑问需要经历两个步骤。

1. 首先，知道对方的疑问。

2. 其次，回答对方的疑问。

或许大家会说，这是小学生都知道的常识。然而事实上我们常常表现得不如小学生。接下来我将依次介绍这两个步骤。

第1个步骤是为了探知对方的疑问，即"提出论点"。第2个步骤是针对对方可能提出的疑问，提前准备好客观的答案，即"验证假说"。想必大家都听说过"验证假说"这个词吧。可是，能准确解释其含义的人恐怕是出乎意料的少。我认为，所谓"验证假说"，是指"首先找出对方可能提问的问题，换言之，查明论点，然后推测出可能的答案，最后找到客观证据来证明自己的答案"。

倘若假说验证无法完成又会如何？最后无非是两种结果：其一，遭到对方地毯式轰炸般的提问；其二，被对方断定为无凭无据。

首先，当未能完成"提出论点"这个第1步骤时，说话者就会遭到对方地毯式轰炸般的提问。这种情况下，说话者既不知道对方对哪一部分持有疑虑，又不知道对方没有听懂哪一点，因此只能一个不漏地思考对方可能提出的各种问题，然后找出所有问题的答案。为了回答对方将要提出的问题，预先做好所有准备工作，找出所有问题的答案虽然不失为一个方法，可这个方法太过繁琐且效率很低。并且，说话者告知了听话者原本不想了解的信息，反而会阻碍听话者的理解。许多上司都要求属下"为会议提前准备好合适的资料""制作一份资料用于推销"……倘若资料准备得当，打动了参会者和客户的心，大家就都不用讨论了。而要做到打动对方的心，又必须准备好极为详实的资料，以防范对方的地毯式轰炸般的提问，如此一来会消耗太多的时间和精力。也就是说，如果我们无法做到构建假说、提出论点，我们就会陷入无论解说多久也无法做到让对方完全理解的窘境。

其次，当未能完成"验证假说"这个第2步骤时，说话者的演讲内容会被对方断定为无凭无据的结论。在此阶段，说话者已经预测到了对方可能提出的问题，并试图找出答案。可是由于缺乏客观的证据，谁都不知道答案是否正确，答案会显得非常没有说服力。这种答案根本无法回应对方的质疑。要做到正确回答对方的提问，就必须认真"验证假说"（图3-1）。

92　精准表达

图3-1　正确回答疑问需要提前验证假说

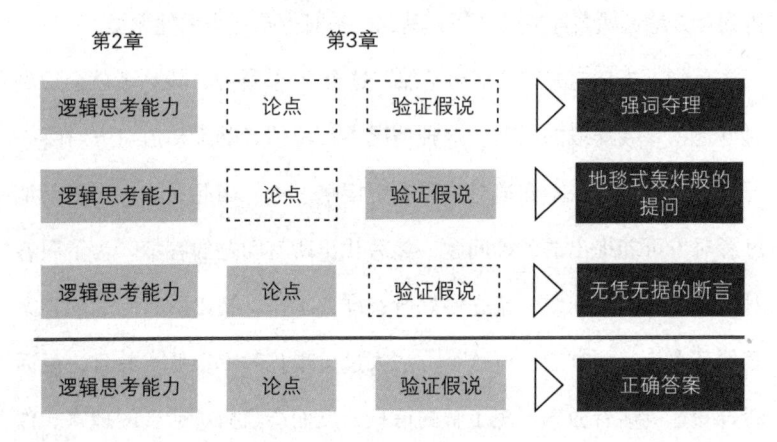

第2章		第3章		
逻辑思考能力	论点	验证假说	▷	强词夺理
逻辑思考能力	论点	验证假说	▷	地毯式轰炸般的提问
逻辑思考能力	论点	验证假说	▷	无凭无据的断言
逻辑思考能力	论点	验证假说	▷	正确答案

● **假说验证的五个步骤**

实际在验证假说时，需要经历五个步骤。其中，探知对方可能提出的问题需要两个步骤，提前准备客观证据以回答对方的提问需要三个步骤（图3-2）。

图3-2　假说验证的五个步骤

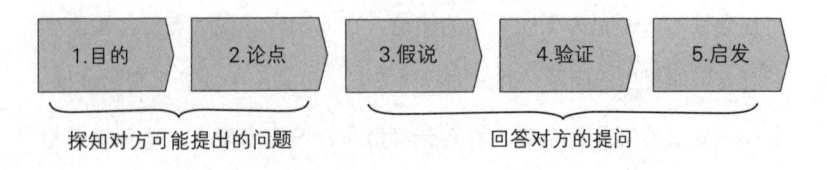

| 1.目的 | 2.论点 | 3.假说 | 4.验证 | 5.启发 |

探知对方可能提出的问题　　　　　回答对方的提问

第一步是理解"目的"。弄清双方的交流目的，在此基础上了解对方的最终需求，这是验证假说的起点。倘若不清楚对方是以何种立场倾听自己讲话，我们就很可能会啰啰嗦嗦地讲述许多对方根本不感兴趣的话题。

第二步是把握"论点"。纵使我们已经了解了对话的目的和对方的需求，假如不能把握谈话的要点，就有可能在讲话中遗漏某项对方很想知道的内容。

第三步是构建"假说"。即使已经把握了谈话的要点，如果不假设一个答案，那你仍有可能会平白耗费太多的时间。不管怎样，就算依靠猜测也得先列出一个答案。若是对方反应良好，那就在此基础上深入挖掘。

第四步是实施"验证"。第三步既然已经假设了一个答案，接着我们就需要收集客观证据以验证答案的真伪。不要想当然地认为"答案可能就是这个"，没有了铁一样的证据，最终只会导致无止境的争论。

第五步是提取"启发"。即以坚实的证据为基础，回答对方的疑问。其实现实中我们很难做到完美回答对方的疑问，毕竟我们的答案到底要细致到何种程度才能让对方满意是由对方判断。就算无法完美作答也没关系，重要的是言之有物，对对方有所帮助。

以上五个步骤非常重要。请大家务必记住目的、论点、假说、验证、启发的流程。下面我将依次详细介绍这五个步骤。

● 要点

何为假说验证能力

1. 就算逻辑正确，对方也不见得会表示赞同。
2. 回应对方质疑时需要验证假说型思考。
3. 假说验证型思考必须经历如下五个步骤。

（1）理解目的

（2）把握论点

（3）构建假说

（4）实施验证

（5）提取启发

第1节　理解目的

● "讨论的立场"和"对方的要求"

要回答对方的提问并让对方感到满意，首先必须理解交流的目的。其实人们对于"话题"的理解一般不会产生大的偏差，那么，此处所谓的"理解交流的目的"到底是指什么？要点主要包括两项（图3-3）。

图3-3　对交流目的进行分类

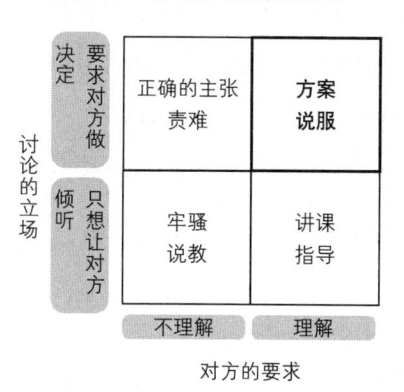

讨论的立场	不理解	理解
要求对方做（决定）	正确的主张 责难	**方案 说服**
只想让对方倾听	牢骚 说教	讲课 指导

对方的要求

其一，确认"讨论的立场"。举例而言，一群人就旅行计划展开讨论时，有人开始喋喋不休地描述自己曾经去过的景点。有人则具体比较酒店等级、项目内容、收费标准等，滔滔不绝地讨论去哪里最合适。他们讨论的立足点是否符合交流目的呢？

　　两者的言论都与旅行计划有关，从这点来讲，其"话题"符合讨论目的。不过，如果这群人的目的只是想畅想旅行的快乐、享受聊天的乐趣，那么，单听其中一人喋喋不休是否能够实现这个目的呢？对于只想好好聊天来打发时间的人来说，不停比较各种优缺点的行为实在让人兴致大减。倘若听话者急于决定旅行的目的地，说话者却一个劲地回顾曾经的旅行经历，想必听话者也会相当厌烦。由此可见，在与对方进行交流时，首先得明确自己的立场。

　　其二，理解"对方的要求"。比如说，在讨论旅行计划时，你告诉对方，在亚洲海滨玩水上运动非常有趣。如果对方也很喜欢运动，那么你和对方的目的就正好一致。如果对方只想悠闲购物，那么双方的目的则大相径庭。话题虽然同为旅行计划，但是如果未能理解对方的要求，你的答案只会远远偏离对方的预期。

　　总而言之，理解交流的目的并非是指理解话题，而是包括两点，即：确认"讨论的立场"；理解"对方的要求"。下面我将更加细致地进行讲解。

● 讨论的立场包括两种

　　在商务交流中，或者说当你在公司里向他人"搭话"时，你对听话者的期待无非有两种。

1. 要求对方做判断。

2. 只想让对方倾听。

如果是第1种情况，你希望对方在听过自己的发言后能够做出诸如"确实如此""不对""应该这样做"等判断，这样你才能够相应地展开行动。例如，向上级汇报、开会讲解、与客户讨论等都属于第1种情况。

第2种情况则不同，说话者既不需要听话者判断是好是坏，也不需要听话者提供解决办法，他只希望听话者能够倾听自己的声音。例如，和同事闲聊、发牢骚、说教、讲八卦乃至讲几句无心之言等都属于第2种情况。

总而言之，首先请大家认识到交流的立场主要包括两种。这点相当重要。因为在商务交流现场，许多人由于未能充分了解自己的交流立场而导致沟通不畅。

举例而言，某年轻职员对上司抱怨工作中的不满。该职员知道即使跟上司讲了也不会有什么帮助，他只是想让上司倾听一下自己的心声。这时上司要做的是安抚职员的心情、激发职员的干劲，故而只需表示理解、认真倾听即可。可是，假如上司误以为职员想要让他做出判断，那就糟糕了。上司会感到非常烦躁，因为他不明白职员到底想说什么、结论到底是什么、希望自己做出怎样的指示。职员则会感到非常失望，因为上司没能理解自己的心情。

再举一例，某营业员向顾客提交了某项提案。为使顾客做出判断，营业员喋喋不休地讲了许多。可是假如顾客只想听听而已，那就悲剧了。营业员会很烦躁，因为他口干舌燥地讲了那么多，顾客却一直不肯做出判断。顾客也很不痛快，因为营业员步步紧逼，一直在催他做决断。

总之，对方是以怎样的立场倾听自己的声音？自己应以怎样的立场展开讲解？在交流过程中我们必须充分认清双方的立场。

● "逼迫"和"引导"

倘若能够灵活利用上述两种立场，我们就可以成功引导对方付诸行动。"要求对方做判断"在沟通中可以算作是"逼迫"。这就好比童话故事《北风和太阳》[1]中"北风式"的行为，说话者摆出各种理由及逻辑，"逼迫"对方采取行动。与此相对，"只想让对方倾听"则属于"引导"型沟通法。说话者通过赞扬、哄劝等手段引导听话者自发采取行动。这两种沟通方法说不上来孰好孰坏，我们应根据不同的时间和场合采用不同的沟通方法。不过需要注意的是，许多人由于习惯于使用自己擅长的沟通方法，往往会对另一种沟通方法持否定态度。

---

① 《北风和太阳》：北风和太阳是很要好的朋友，可这天它们却吵了起来。北风觉得自己比较厉害，太阳却觉得自己更厉害。于是他们决定较量一番。北风看见路上有一个扛着大包的行人，便提议说："如果谁能让行人脱下衣服，谁就更厉害。"太阳答应了。北风对着行人猛烈地吹了起来，行人却把身上的衣服裹得更紧了。不服气的北风使出更大的力气呼呼地吹着。没想到，行人反而从包里又拿了件厚衣。当太阳发出强烈的阳光时，流汗的行人不仅脱光了衣服，还跳进了河里洗澡。最后当然是太阳胜利了。——译者注

比如说，擅长用逻辑"逼迫"对方的人常常会否定"引导"型沟通法。他们认为，漫无目的地讲再多废话也不会推动事情的进展。其实一直以来我也有同感。事实上在咨询公司，基本不存在引导型沟通。话虽如此，如果你能灵活运用引导型沟通法，可能会产生极好的效果，让对方充满干劲，萌生团队意识，心情愉悦，进而主动采取行动。

另一方面，擅长引导型沟通法的人们或许会认为，有逻辑地罗列理由是欧美人的行为模式，不见得适用于其他类型的组织。其言论确实有一定的道理，毕竟，只靠摆逻辑、讲道理来逼迫对方远远不够，其实企业运营等场合就需要广泛使用引导型沟通法。话虽如此，也有很多场合都需要我们有逻辑地阐述自己的想法。

综上所述，"逼迫型"和"引导型"不分优劣、各有千秋。我们应当根据时间场合选择适合的沟通方法。

● **要求对方做判断**

由于本书主旨是讲述书面沟通，因此我打算以逼迫型沟通法为中心，就如何向上司及客户提交方案、寻求判断进行具体阐述。关于引导型沟通法，本书则略过不提，大家可参考采访技巧、能力训练等相关领域的书籍。

本书中提到促使对方做判断的这种逻辑交流方法是有原因的。因为"商务交流"这个词汇特指工作上的交流，除了休息时间的闲聊以及下班之后的对话，在工作中我们明显更需要使用逼迫型沟通法。当然，如果你在公司是高管，需要调动员工的积极性，那很可能需要用到引导型沟通法。不过大多数情况下，无论你是否发觉，你都会经常处在不得不要求对方做判断的局面。

举例而言，你向上司汇报说："赶不上交货期了。"这句话实际上是在要求上司做出判断。是选择延长交货期呢？还是找其他厂商代为生产？如果上司只是批评你没有能力，抱怨你给大家添了麻烦，却不给出一个对策，这绝对不是你想要的反应。同理，你在会议上报告说："以上就是我部门今年的目标。"这句话其实是在要求在场董事及高管作出如下判断，"完成这项目标对公司非常重要""这项目标的实现需要公司的协助"等。假如对方事不关己地回应道："这样啊，加油吧！""挺辛苦！"这也不会是你所期待的反应。请大家注意，日常商务活动中，大多数的交流行为实际上都要求对方做出判断。不仅是说话者，听话者也需认清这一事实。

故事中户崎先生向宫里社长介绍了业务计划。可是仅作"介绍"远远不够，如果不要求宫里社长就某事进行具体决断，对话也很难有所进展。正确的做法应该是在介绍完计划之后进入第二个阶段，向宫里社长咨询"是否可以与对方公司开始交涉""能否调动一些人才帮助完成计划"，等等。这样一来，宫里社长就能明确地选择赞成或反对，对话得以顺利进行。商务交流中，我们应当谨记，自己的目的是让对方做判断，并在此基础上做到有逻辑地组织语言。

● 总结要更具体

在此引出一项重要原则——方案的总结应该更具体。

许多称不上优秀的方案都存在一个问题，那就是，不论是口头报告还是幻灯片讲解，其结束语往往以套话收尾。

- 公司对内说明会："让我们回归最初的经营理念，一起努力奋斗！"
- 公司对外说明会："为了贵公司的美好未来，我公司会大力支持！"

有时，这类句式中的"经营理念"会被换为"部门方针"，"贵公司的美好未来"会被换为"贵公司的改革"等。想必大家都曾在某些企划方案中见到过此类结束语。面对此类结束语，听话者往往不知道应该作何反应。说话者说："让我们回归最初的经营理念，一起努力奋斗！"听话者除了回答"这样啊，那就加油吧"以外，还能说些什么呢？这样的话对于双方来说，就很难继续展开深入交流。由于说话者没有明确要求听话者做出判断，听话者会感到疑惑："干嘛跟我讲这个？""跟我讲这些有什么用？""这人真会自说自话。""与我无关，随便听听吧。"

要让对话取得实际的进展，总结的部分绝对不可以太过抽象。即使是相同的内容，假如把结束语换成明确的要求，对方就能明白我们的需求，进而让对话更深入。

- 公司对内说明会：列出名单，名单上写着需要哪些部门和负责人协助，同时确认对方是否能够协助工作。
- 公司对外说明会：列出时间表及工作计划，询问是否可以按此计划进行。

虽然已经重复过很多次，我还是想提醒大家牢记要求对方做出判断是商务沟通的基本法则。有时是你要求对方做出判断，有时则是对方要求你做出判断。在商务沟通中，不可能出现"只想让你听听而已"这种情况。公司内部会议如此，与客户会晤如此，与上司对话亦如此。最重要的是，我们应从要某人对某事做出判断这个立场上来看待问题。

● 感性思维不可或缺

接下来让我们讨论一下如何"理解对方的要求"。要想做到理解对方的要求，看似非常简单，实际上却相当困难。到底难在何处？请大家先看如下案例。上文中我列举了旅行计划的例子，对方的要求具体如下：

1. 想坐飞机出行。
2. 想去气候温暖的地区。
3. 想在海滩悠闲度假。
4. 想要远离大城市的喧嚣。
5. 想要增加见闻，了解当地历史。

……

真要一一罗列的话还能写出许多。我想要表达的是，"理解对方要求"需要一种极具主观性的技能,即"从对方表情、当时氛围、过去经历、对话过程等角度探知对方的心理",简而言之,这是一种非常感性的思维。

其实指出这一点是非常需要勇气的。大多数逻辑思考类书籍恐怕不会明确指出这一点,然而我却要刻意把它写出来。因为如果不承认这一点,大家恐怕会过于偏重逻辑思考,误以为理性思维才是最重要的,反而忽视了感性思维。有的人之所以总是显得强词夺理,就是因为只知道锻炼逻辑思考能力,这类人有很多。

我曾反复强调,"有逻辑地讲话"与"让对方接受"不能混为一谈。纵然你已经实现了逻辑思考,明白自己需要对方做出判断,倘若无法准确理解对方的要求,你的方案恐怕还是会缺乏说服力。不仅如此,对方说不定会对你的印象不佳,认为你"强词夺理""感觉迟钝""有攻击性""只会讲大话,却不懂得体察人心"。

要想提高自己的提案能力,学习逻辑思考、知道自己的立场是要求对方做出判断,这些固然重要,而强化理解对方需求这样的感性思维,也是提升提案能力的关键。

● **结果是由对方决定**

想要强化自己的感性思维,最重要的是要学会倾听对方的声音。这句话听起来似乎理所当然,但实际操作起来却相当困难。特别是在提交方案时,大多数人往往会陷入自说自话,反而无法认真倾听对方的声音。

然而若想要方案通过，我们就必须认真倾听并理解对方的要求。在准备会议资料时，我们应该提前做好调查，确定参会者都有哪些人，对方可能会关注哪些方面，乃至会有哪些反应等，否则很难制作出打动人心的商务文本。故事中，户崎先生想当然地认为自己与宫里社长谈话的目的是具体介绍与塔里克丝公司的合作。然而在宫里社长看来，谈话的目的是确认是否有必要和其他公司展开合作、为何要与塔里克丝公司合作等事情。假如户崎先生事前稍微做些准备，两者就不会在谈话目的这方面产生分歧。

在实际的咨询项目中，我见到过太多"不带耳朵的咨询师"了。尽管那些咨询师试图表现出理解对方的需求，但是由于没能真正体察对方的心情，因此提交不出细致周全的方案。不只是咨询师，许多人都曾犯过此类错误。不带耳朵的上司、下属、营业人员等，简直是不胜枚举。

在第2章中我强调，逻辑合理与否不是由自己判断，而是由对方判断。同理，是否做到理解对方的要求，也不是由自己判断，而是由对方判断的。毕竟，没有对象是无法完成"交流"这个行为的，因此我们应该时刻思考对方可能会怎么想。请记住，就算我们分不清对方说的是不是心里话，只要我们时刻关注对方，必然能够加深对对方的理解，进而提升自身的能力。

● 要点

理解目的

1. "理解交流的目的"包括两个要点,即:对"讨论的立场"进行确认;理解"对方的要求"。

2. 讨论的立场不同,沟通方法就不同,沟通方法包括"逼迫型"和"引导型"这两种。

3. 商务交流中往往需要采用"逼迫型"沟通法,要求对方对某事做出某项判断。

4. 当你需要对方对某事做出某项判断时,请在提交方案时把具体要求作为结束语。

5. 要做到理解对方的要求,必须学会倾听。

6. 要想提高提案能力,不仅应该强化逻辑思考能力,还应注重感性思维,时刻关注对方的心理。

第2节　把握论点

● **何为论点**

接下来我将解释"论点"一词。想必大多数人都听说过"论点"这个名词吧。日常生活中，如下场合常常会强调论点的重要性。

- 你们讨论的不是一个论点啊。
- 会议的论点还没定好吗？
- 请把论点集中到一个点上发言。

然而如果真要认真地回答"何为论点"，又有多少人能明确地解释这个名词呢？我刚进公司时常常会问上司："论点到底是什么？"大多数时候得到的回答是："论点就是讨论的要点啊。""论点就是话题中的重要部分。"但是这些回答依旧让我迷惑不解，于是我接着追问："要点是什么？""怎么判断重要不重要？"这时，过半人都不知道该怎么作答了，他们大多会选择避免正面回答："到时你就知道了。""要点就是要点啊。你连这个都不懂吗？"那么，论点到底是指什么？"要点""重要部分"到底是什么呢？

在这里，我打算结合上文中介绍的"目的"进行作答。首先，我们有必要理解"对方的要求"。倘若对方不想听或不想了解，那么即使说再多也不会成为谈话的要点。然后，我们必须明确自己的立场，那就是"要求对方做出判断"。也就是说，随着讨论的深入，那些需要对方做出判断的项目就是"论点"，即"讨论的要点"和"重要部分"。那么，若要真正找出话题的论点，我们需要考虑哪些方面呢？

探知对方到底基于何种思路判断非常重要，了解这一点有利于从整体上把握所需判断的事项。如果不清楚对方判断的标准，即使说话者语言得体，打动对方的可能性仍然很低。此外，知晓了哪些项目需要对方做出判断后，我们还应调查"对方对哪些问题的答案感到不确定"。如果只是讲述对方早已知道的信息，你的话恐怕很难触动对方。

总之，在对事物做出判断时需要探讨若干项目，其中有些项目对方还没有获得确切的答案，探讨这些项目之后可能会直接影响最终判断。此类项目就是所谓的"论点"。简而言之，论点就是"影响到对方最终判断结果的判断项目。"

● **论点的具体案例**

让我们先把不好理解的理论暂且放到一边，看一个具体的案例。假设你是一家房地产公司的销售人员，负责房屋租赁业务。这时来了一位打算搬家的客人A。那么，你与客人A的谈话论点到底是什么呢？

人们搬家的目的有很多种，首先需要解决的问题是了解A的目的。假设A的目的是"找一处离公司较近的房屋"。这种情况下论点是什么呢？换言之，A在决定是否搬到房屋时会参考哪些项目？

如图3-4所示，若要判断搬到房屋X是否能够缩短A的通勤时间，需要讨论若干判断项目。首先要把通勤方式分为乘坐公共交通工具和自驾。如果是乘坐公共交通工具，需要讨论的项目包括"从家到公司所需要的时间"、"车站等候时间""乘车时间"等。

图3-4 客人A的判断项目

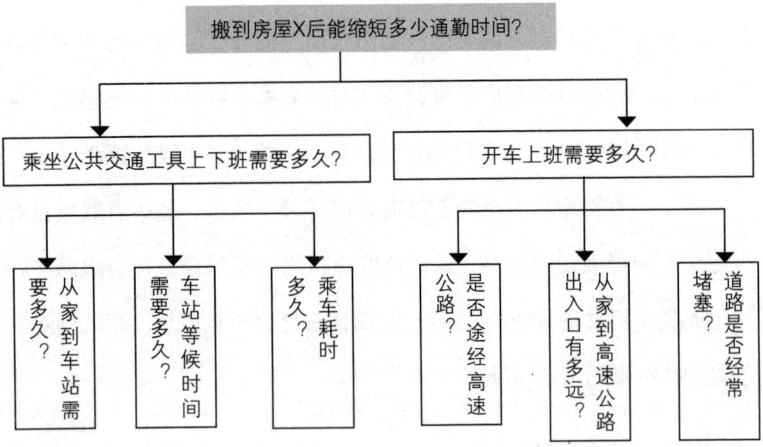

```
          搬到房屋X后能缩短多少通勤时间？
         ┌──────────────┴──────────────┐
  乘坐公共交通工具上下班需要多久？      开车上班需要多久？
   ┌────┬────┬────┐              ┌────┬────┬────┐
  从家  车站  乘车             公路  是否  从家  道路
  到车  等候  耗时             ？   途经  到高  是否
  站需  时间  多久？                高速  速公  经常
  要多  需要                        ？   路出  堵塞
  久？  多久？                          入口  ？
                                        有多
                                        远？
```

假设你对客人A提出如下建议："从家到车站步行仅需1分钟""从家到车站虽然步行时间较长，但是每5分钟就会到达一辆公交车，坐上公交车后3分钟就能到达"，等等。如果A说："原来如此，我之前都不知道！"那么这些建议就会被A列为参考要点，影响到A的最终决断。换言之，这些建议可以作为论点。

同样，假如你告诉A："东京都圈的地铁常常会在上班高峰期由于事故等原因暂停行驶，如果住在这片区域，你就有两个车站可选，即使其中一条线路暂停通行，你还可以选择另一条线路。"倘若A恍然大悟道："原来如此，我都没考虑过多条交通线路的问题。"那就说明你为A提供了一个崭新的"论点"。

许多人租赁房屋时会重视这些信息，例如，"这处房屋允许饲养宠物""房屋是新建的，非常整洁""附近就有便利店"等，但是如果这些信息不是A的关注重点，就不能成为"论点"。

● **偏离论点的四种类型**

要想避免偏离论点，我们应当注意哪些事项呢？其实偏离论点的情况无外乎四种类型（图3-5）。

一，没能弄清讲话的立场。在必须要求对方做出判断的情况下，却啰啰嗦嗦、想到哪就讲到哪。商务交流中则表现为不知所云的汇报、充斥各种抱怨却缺乏讨论的会议等。要想通过讨论来说服对方，我们必须在讲话时弄清自己的立场是"要求对方做出判断"。

二，错误理解对方的要求。假如我们不肯认真倾听对方的想法，随随便便提交方案，就很有可能陷入这一状态。举例而言，对方明明在寻找便宜的产品，你却向他推荐性能优越的高价产品；对方希望你尽快提供一份简单的资料，你却耗费一个月之久准备了一份内容详实的资料。种种案例，不胜枚举。我们不仅应当认真倾听对方的想法，直到对方表示满意，还应向对方确认自己的理解是否有误。这点非常重要。

图3-5 如何避免偏离论点？

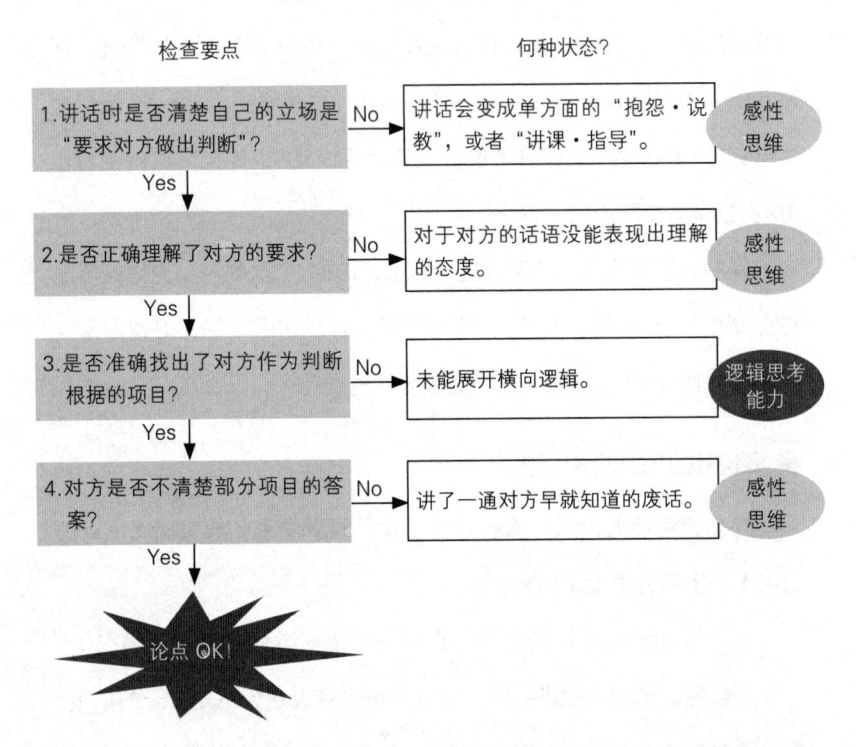

检查要点	No	何种状态？	
1.讲话时是否清楚自己的立场是"要求对方做出判断"？	No →	讲话会变成单方面的"抱怨·说教"，或者"讲课·指导"。	感性思维
↓Yes			
2.是否正确理解了对方的要求？	No →	对于对方的话语没能表现出理解的态度。	感性思维
↓Yes			
3.是否准确找出了对方作为判断根据的项目？	No →	未能展开横向逻辑。	逻辑思考能力
↓Yes			
4.对方是否不清楚部分项目的答案？	No →	讲了一通对方早就知道的废话。	感性思维
↓Yes			

论点 OK！

三，未能找出需要对方做出判断的具体项目。尽管我们已经理解了对方的要求，但有些时候，我们还是没能顺利找到需要对方做出判断的具体项目。比如说，在前文中的房屋租赁案例当中，假设房屋中介只想到了租房人乘坐公共交通工具上下班，却没想到开车上下班的情况；或者考虑到了乘车所需时间，却没考虑过在车站等候的时间等。如图3-5所示，制作横向逻辑时，首先应该统一语言的层次感；然后发挥六维度的想象力以把握整体；最后应查漏、查重，力求实现MECE的状态。要想行云流水般完成一连串的横向逻辑，请参考第2章内容，努力训练自身能力，学会自己建造新的架构。

四，重复对方早已知晓的答案。在找到具体判断项目之前，假如重复了对方早已知晓的答案，那倒没有什么关系。但如果在此之后对方指出"这点根本不需要讨论"，就说明你犯了第四类错误。就房屋租赁的例子而言，理论上我们应该讨论最近的车站与公司之间的距离，可是客人A肯定清楚公司与最近车站间的距离，这点完全不需要房屋中介提醒。因此，该项目不能作为论点进行讨论。而在商务交流中，只是单方面地强调道："我们公司是世界知名的供应商，业务成绩相当优异，请放心选择我们。"对方听过后可能会想："这些东西你不说我也知道，光凭这点没法让我做决定。"当然，需要注意的是，对于同样一件事情，有的人早已知晓，有的人却从未听闻。为了避免出现第四类错误，我们应当认真倾听对方的想法，并事先展开相关的调查。

● **如何把握论点**

接下来让我们参照本书的故事，具体来看上述四种错误类型。

首先，户崎先生在把握"讨论的立场"时出现了错误。他只是汇报了业务计划，却没要求宫里社长对某些具体事项做出判断。

其次，户崎先生在"理解对方的要求"方面也出现了问题。社长关注的重点是"是否有必要和其他公司合作"，然而户崎先生却一直在介绍"具体的业务内容"。二者存在决定性的偏差。

第三，在"找出对方所需判断的具体项目"方面，户崎先生也犯下了错误（图3-6）。尽管他讨论了"对方是否合适"这个问题，却完全没有考虑过"顺利合作的可能性有多大"。

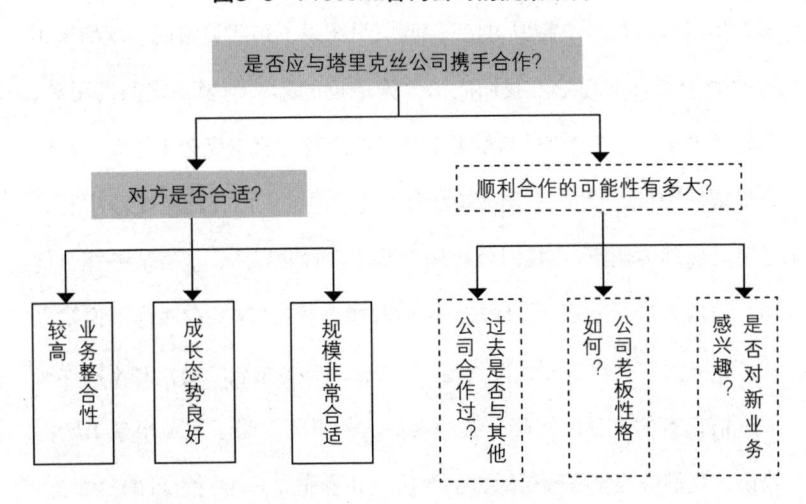

图3-6　Precena咨询公司的提案架构

```
                 是否应与塔里克丝公司携手合作？
                 ┌──────────────┴──────────────┐
          对方是否合适？                顺利合作的可能性有多大？
         ┌──────┼──────┬──────┐         ┌──────┬──────┬──────┐
       业务    成长    规模    │       公司   过去   公司   是否
       整合    态势    非常   较高     合作   是否   老板   对新
       性      良好    合适           过？   与其   性格   业务
                                              他    如何？ 感兴
                                              合作          趣？
                                              过？
```

第四，户崎先生还有可能"重复了对方早已知晓的答案"。塔里克丝公司是主要经营CD等音像制品贩卖及租赁业务的大规模连锁店，这点已经是众所周知。也就是说，无需户崎先生刻意强调，宫里社长很有可能早就知道该公司成长态势相当良好。该故事绝非个例，日常商务交流中常常能看到这类错误。如此看来，户崎先生的提案确实存在很大的问题。

那么，让我们重新审视一下上述四种错误发生的原因，提交方案的人到底欠缺了哪些能力？第一、第二以及第三种类型都是因为欠缺感性思维，只有第四种类型是因为缺乏逻辑思考能力。

看到这里，想必大家终于明白了为何我反复强调："懂得逻辑思考的人不见得能够做出细致周到的方案。"毕竟，逻辑思考仅仅是一种工具，不是说有了这个工具就一定能取得成功。要想成为能够提交完美方案的商务人士，我们不仅需要逻辑思考能力，还需要有感性思维，也就是说，要能听懂对方的话。

同理，只靠感性思维也无法成为一名合格的商务人士。如果未能按照逻辑制作出合理的框架（横向逻辑），我们在发言时就极有可能想到什么说什么，没有重点。只要你讲话时逻辑清晰，那么不论是谁在什么时候向你提问，你的答案都会保持一致。但如果你只是根据自己过去的经验和现在的风俗习惯等凭感觉做出判断，你的论点就有很大可能产生偏离。

总而言之，所有提交方案的人都应采用各种正式及非正式的手段，在认真理解对方思路的同时，努力磨炼自身的逻辑思考能力。

● 双方论点不一致的原因

如果大家在讨论或制作企划方案时发现自己的论点与对方不一致，该如何应对呢？

会议上大家的意见各不相同；对方与自己的意见相持不下；自己的意见不符合顾客的需求……在商务交流中，最让我们感到头痛的情形就是双方论点不一致。

面对这种情况，我们应从上述四种类型当中找出自己到底是在哪方面出现了问题。然后针对相应问题寻找应对之策,具体请参见图3-7。比如说,如果是因为未能理解对方的要求导致双方论点不一致,就算你再怎么绞尽脑汁制作框架,仍然无法改善事态。假如会议出席人员由于立场和角度不同而导致论点不同,就算你再怎么就会议目的反复讨论,会议仍然很难取得进展。想必大家都曾经历过诸如此类的情况吧。

图3-7 怎样让双方论点达成一致

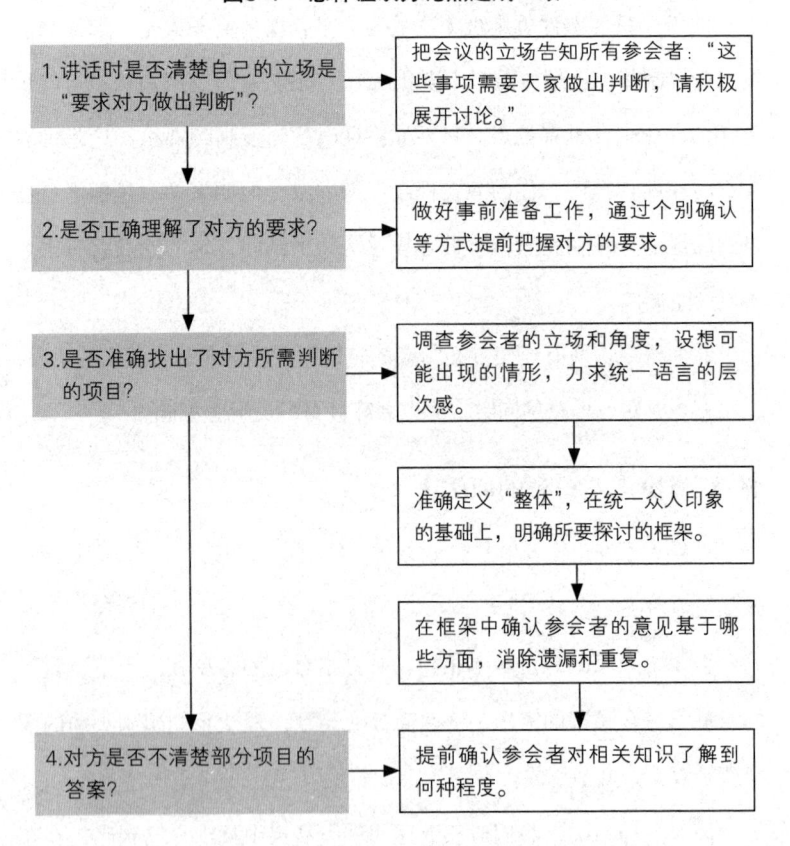

问题	对策
1.讲话时是否清楚自己的立场是"要求对方做出判断"?	把会议的立场告知所有参会者:"这些事项需要大家做出判断,请积极展开讨论。"
2.是否正确理解了对方的要求?	做好事前准备工作,通过个别确认等方式提前把握对方的要求。
3.是否准确找出了对方所需判断的项目?	调查参会者的立场和角度,设想可能出现的情形,力求统一语言的层次感。
	准确定义"整体",在统一众人印象的基础上,明确所要探讨的框架。
	在框架中确认参会者的意见基于哪些方面,消除遗漏和重复。
4.对方是否不清楚部分项目的答案?	提前确认参会者对相关知识了解到何种程度。

那些在会议中总能做到一语中的的人们，往往能够在一瞬间准确找出讨论陷入停滞的原因。当会议缺乏逻辑框架时，他们能够迅速提供讨论的视角；当处于不同立场的人提出不同意见时，他们能够改变对方看待论点的视角，将其纳入讨论的框架当中；当某些人开始讲些大家都知道的东西时，他们能够巧妙推动对话的进程……事实上确实存在这样一类人，他们很轻松就能把偏离的论点归拢一致。要想避免论点偏离，不仅需要逻辑思考能力，还需要感性思维。两者不可缺一，请大家务必注意两者之间的平衡。

● **要点**

把握论点

1. 论点就是影响到对方最终判断结果的判断项目。

2. 偏离论点的情况无外乎四种类型。

(1) 没能明确讲话的立场。

(2) 错误理解对方的要求。

(3) 未能找出对方所需判断的具体项目。

(4) 重复对方早已知晓的答案。

3. 避免论点偏离的具体对策。

(1)(2) 正确理解目的。(参见第3章第1节)

(3) 磨炼构建横向逻辑的能力。(参见第2章第2节)

(4) 了解对方的知识及经验水平。

4. 当自己的论点与对方不一致时,应找出原因,并采取相应的措施。

第3节 构建假说

● **何为假说**

上一节我围绕论点进行了说明。通过上一节的学习,大家应该明白了论点即是对方想知道的问题点。接下来,让我们进入第三步,学习回答对方问题的方式。

当我们需要回答对方问题时,有些我们立刻就能作答,有些则需要调查后才能回答出来,还有一些问题则让我们完全摸不着头脑。比如说,当对方问道:"竞争对手A公司去年在研发方面投入了多少钱?"这时,我们的答案可能是如下四种:

1. "2002年4月1日至2003年3月31日,A公司总共投入了91.6亿日元。"

2. "具体金额我记不清了,不过我记得最新调查显示,该公司投入的资金高于我公司。"

3. "估计有100亿日元左右,我查一下看看。"

4. "不知道,我去查一下。"

让我们思考一下这四种答案。

首先，1完全算得上是"答案"。也就是说，答案1以客观事实为依据，精准回答了对方的问题，正中靶心。

其次，2称得上是"启发"。虽然未能准确回答对方的问题，但是指出了对方公司的研发投入高于我公司这一客观事实，回答的还算令人满意。

3则是"假说"。虽然勉强回答了对方的问题，但是用了"估计"等相对主观的词汇，换言之，这只是回答者的猜想。至于正确与否则需调查后才能知道。

最后，4暴露了回答者一概不知的状态，因此称不上是"答案"。

在日常的商务活动中，我们常常会听到"假说"这个词语，比如，"思考假说""在假说的基础上考虑问题""从假说的角度而言"，等等。虽说如此，但很少有书籍说明假说的定义。请大家参见图3-8，该图从概念上显示了"假说"与"启发"、"答案"之间的关系。所谓假说，是指针对论点做出的猜测性回答。下面我将更加详细地解释这点。

● 关于假说的三种误解

由于人们容易对"假说"产生三种误解，在此分别强调以下三点。

1. 没有论点就没有假说

如图3-8最下面"命中！"处所示，假说归根结底是指针对论点做出的假设性回答。因为论点是指对方想要知道的问题点，相应的，"假设性回答"就是假说。这里容易发生这样的误解，即大家明明没有讨论任何问题，有的人上来就讲："我的假说是，日本这样下去不行"等。如果在场的人们正在担忧着日本的未来，并进行着相关的讨论，那么这个发言可以算是很好的"假说"。但是人们并没有讨论日本的未来，所以这种用法只是作为话题的引子，根本算不上假说。另外，有些资料开头就写道："关于本公司的发展前景，我有如下假说……"这种内容同样不算假说。总之，没有论点就没有假说。

图3-8　假说与启发、答案之间的关系

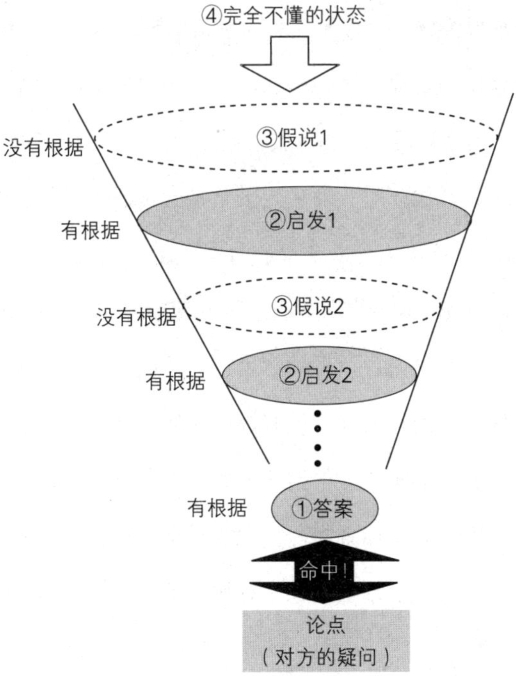

④完全不懂的状态

没有根据　③假说1
有根据　②启发1

没有根据　③假说2
有根据　②启发2

有根据　①答案

命中！

论点
（对方的疑问）

2. 假说不是没有根据的瞎猜

因为假说毕竟是"假设性回答",所以并非完全的瞎猜。比如对方问你:"这个产品定价为多少钱比较合适?"就算你再不了解相关知识,也能根据以往的经验和常识做出判断,回答出一个预估的价格。这就是人们普遍的感觉。想必没有人会凭空瞎猜,靠扔色子决定产品的售价。因此虽然是假说,即使你不能明确作答,也会依据自己的感觉、经验、常识等找出相关的根据。

3. 假说不是答案

最后我想要强调一个理所当然的事实:假说不是"答案"。两者的决定性差异就是是否存在客观根据。虽然假说的形成依托于感觉、经验、常识等,但是缺乏客观的事实根据。而答案则拥有事实根据。

从我的个人经验来看,商务人士常常会把假说和答案混淆。举例而言,有人说:"这个市场未来肯定会继续成长。从我过去20年的销售经验来看,该市场肯定会在世界上占据支配性地位。"这句话就是假说而并非答案。我们明白说话者的意思,但是说话者只是根据个人的感觉、经验、常识做出判断,却没有提供任何客观事实根据。那么,为什么答案需要客观事实作为根据呢?这是因为,我们无法和他人共享感觉和经验,因此对方很难接受我们的观念,换言之,没有客观根据就没有说服力。假说不是答案,只有找到了客观事实加以证明,假说才能被称为"答案"。

● **为何需要假说**

读过上文以后，大家应该已经明白了什么才是假说。

接下来我将解释说明假说存在的必要性。很多时候，即使我们理解了讨论的问题点（论点），也不见得就能够立刻做出回答。以前文中的房屋租赁为例。

客人A搬家的目的是为了"缩短通勤时间"，在此我们假设论点是"乘坐地铁的通勤时长"。假如A明确要求"乘坐地铁的时间应控制在30分钟以内，希望搬到东京都23区，最好是在地铁银座线或日比谷线一带"，那么这个问题很容易就能得到解决。但是大多数情况下，对方的要求往往相当笼统。这种时候，纵使你已经知道了论点所在，恐怕也无法立刻做出完美的回答。那么我们应当作何应对呢？应对方法只有两个。

1. 把所有能想到的选项都提供给对方，让对方做出选择。（地毯式轰炸型）

2. 把自己猜想的答案提供给对方，让对方做出选择。（假说验证型）

说到这里，大家应该已经明白了假说的必要性。假如你根据A的公司所在地、最近车站、目前的通勤时间等信息一定程度地缩小范围，然后向A提供一个假说，A肯定会从中选择一个喜欢的房屋。如果你没有提供假说，那么候补选项就太多了。若要逐一调查是否合适，必然会耗费过多的时间，而且效率极其低下。这就是有必要采用假说型思考的最大原因。一言以蔽之，这是为了提高讨论效率，避免做无用功。

因为房屋租赁的案例相对比较简单，真要把所有符合条件的住房展示给客人、让客人进行挑选也不是不行。可是，实际商务活动当中很少存在如此简单的筛选，我们不可能一口气找出所有的选项。再者，比如在开展竞争对手的动向调查、实施大众营销（Mass Marketing）时，我们往往摸不清对方的具体情况，或者无法向对方直接征求答案。我们不可能直接问竞争对手"贵公司今后将重点经营哪个领域"也不可能逐个询问上万名点心消费者喜欢哪种点心。在商务世界，倘若你缺乏假说验证思考的能力，恐怕会经常难以回答对方的问题。

● **不要让对方过度思考**

让我们从其他角度来看假说验证型思考存在的必要性。其实，地毯式轰炸型和假说验证型这两种应对方式在"由谁思考"上有着很大的不同。那么，哪种方式才会让对方不得不努力思考才能做出判断呢？

地毯式轰炸型的应对方式其实仅仅是把能想到的所有选项提供给对方。刻薄地说，选择这种方式时并没有认真思考。其结果就是对方不得不绞尽脑汁，努力从随机得到的庞大选项中甄别出合适的答案。

假说验证型的应对方式则不然，我们必须努力查探对方的需求，想尽办法提高猜想的精确度。倘若猜想正确，对方会给予肯定："这正是我要的答案！"做到这一点就证明我们成功了。

换言之，对上司和顾客讲话时负责费脑思考的人应该是我们，因此我们有必要采取假说验证型思考。我在作为下属和咨询师时，一直坚持自己去大量思考，就算自己猜错了，也不会为求省事直接询问上司及顾客："这个方案和那个方案都还可以，您觉得哪种比较好？"问这样的问题无异于承认自己没有思考。倘若万事都交由客户及上司决定，恐怕我们的思考能力永远不会得到提升。

重要的是，不要呆板地询问对方应该在庞大选项中选择哪个，而应尽可能地开动脑筋，把选项缩小到诸如A、B、C这样的小范围，然后告诉对方自己觉得A比较好，用假说的方式去征询对方的意见。我们平时就要坚持自己动脑，日积月累，必然能够获得验证假说的思考能力（图3-9）。

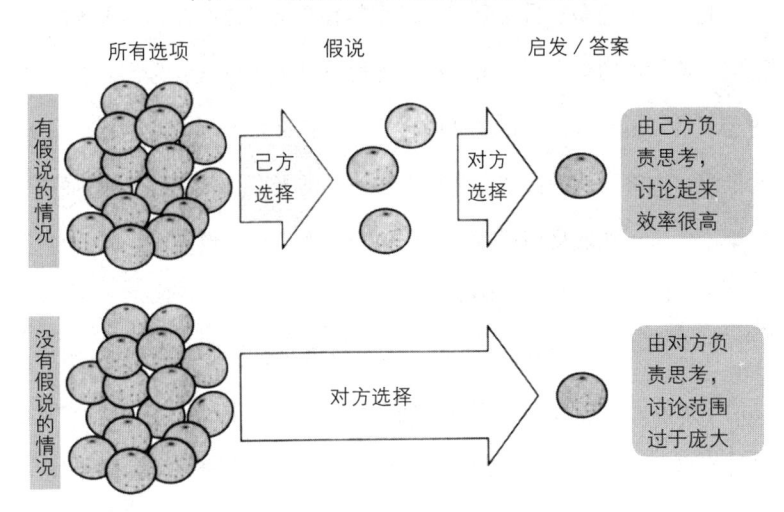

图3-9　有假说的情况和没有假说的情况

	所有选项		假说		启发/答案
有假说的情况	（众多选项）	己方选择 →	（少量选项）	对方选择 →	由己方负责思考，讨论起来效率很高
没有假说的情况	（众多选项）	对方选择 →			由对方负责思考，讨论范围过于庞大

● 假说不可能凭空出现

既然我们已经了解了假说的定义和必要性，那么实际上应当如何建立"假说"呢？假说是指针对对方疑问做出猜测性的回答。所谓猜测，并非全然胡猜。请大家再看一遍图3-8。从④"完全不懂的状态"到③"假说1"的箭头就是"构建假说的过程"。

在④这个状态下，我们所能想到的选项极为庞大。当我们选定了③"假说1"时，说明我们无意识地根据某些信息找出了"可能正确的答案"。例如在上文的房屋租赁案例当中，即使客人A什么都没讲，房屋中介也可以从A的着装、随身携带物品等推断出A的收入水平，继而猜测对方"可能会喜欢高档些的住宅""可能喜欢住在幽静的住宅区"等，如此一来就能把庞大选项缩小到一定范围，找出命中率较高的答案。

此外，不论是在哪家公司，许多年轻职员可能都曾感慨于老职员精准构建假说的能力，觉得那种能力简直是不可思议。为什么销售部的老职员知道客人想要什么样的产品？为什么技术部的老职员事先就能推测出即将研发的课题？为什么咨询部的老职员预测出了项目的最终结论？看到老职员们所建立的假说与答案接近一致，年轻职员们不禁长叹一口气，觉得自己怎么也达不到那个水平。

其实年轻职员大可不必忧心。需要注意的是假说不可能凭空出现，纵使手头掌握的信息有限，我们也能根据某些信息构筑假说。此处的信息是指自己过去的经验、掌握的知识、社会的常识等偶然获得的信息。尽管老职员们看似凭空构建假说，其实他们不过是根据过去积累的庞大信息做出判断，那些偶然获得的信息促使他们找到可能性最大的答案。

因此，即使你不是你所在行业的老手，不具备"根据经验构筑假说"的技能，你也大可不必心灰意冷。只要你尽可能多地收集信息，总有一天你也能建立出精准度极高的假说。

重复一遍，假说并不是全然胡猜。另外，老职员们并不仅仅依据过去经验来构筑假说。构筑假说还需尽可能收集附近信息并加以推测。只要顺序正确，谁都可以构建出假说。那么为了构建假说，我们应当如何收集信息呢？

● 构建假说时所需的信息和验证假说时所需的信息

在具体讲解构建假说的过程之前，请参见图3-10。

图3-10 构建假说和验证假说

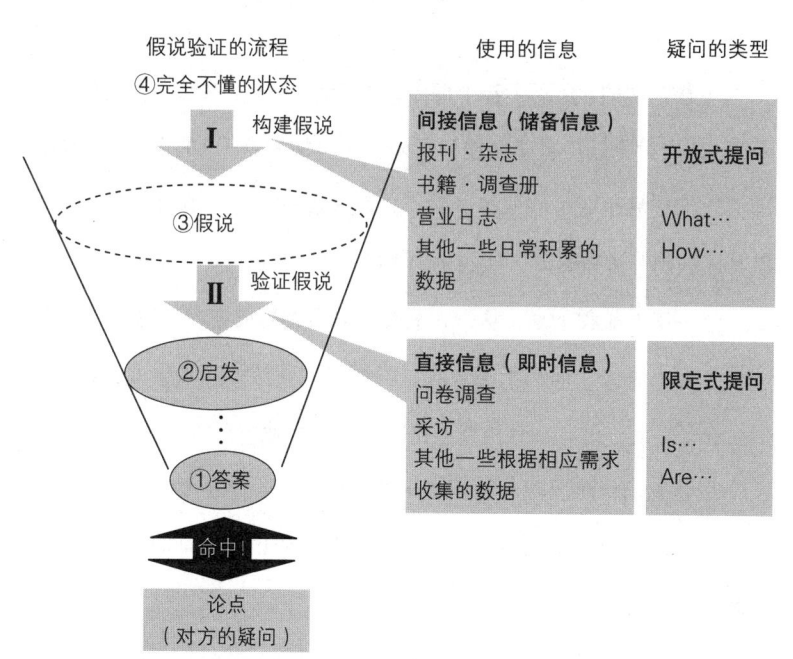

假说验证的流程	使用的信息	疑问的类型
④完全不懂的状态 Ⅰ 构建假说 ③假说 Ⅱ 验证假说 ②启发 ①答案 命中！ 论点（对方的疑问）	**间接信息（储备信息）** 报刊·杂志 书籍·调查册 营业日志 其他一些日常积累的数据 **直接信息（即时信息）** 问卷调查 采访 其他一些根据相应需求收集的数据	**开放式提问** What… How… **限定式提问** Is… Are…

从④"完全不懂的状态"到③"假说",这一过程是为了完成步骤Ⅰ"构筑假说"。并且,要验证③构筑出的假说,即猜测是否正确,需要完成步骤Ⅱ"验证假说"(具体将在下一章进行解说)。如此看来,步骤Ⅰ和步骤Ⅱ似乎很好区分,事实上却很难进行分割。

让我们再回顾一下客人A租赁房屋的案例。A为了缩短通勤时间,打算搬家。你作为房屋中介,事先完全不了解A的职业、性格、现住址等相关信息,因此你根本想象不出A可能会喜欢哪类房屋。也就是说,你正处于④的状态。然后你和A东聊西聊,聊天过程中你收集了各种信息。渐渐地,你能想象出A需要怎样的房子。如此一来,你达到了③的状态。

接着,你向A介绍了若干房屋,在介绍的过程中你察言观色,探知到A到底对哪处房屋感兴趣,哪处房屋可能满足了A的需要,最终你确信这笔交易很有可能取得成功。这就是②的状态。在此之后,只需就具体细则等进行交涉,就能达到①的状态。

这一串的流程下来,从行为上我们只看到房屋中介一边展示资料,一边和客人聊天。而从步骤来看,步骤Ⅰ构建假说和步骤Ⅱ验证假说混合在了一起。这种混合情况不仅限于销售行业。

尽管我们很难明确分割步骤Ⅰ和步骤Ⅱ,但是了解二者差异非常重要。原因在于,虽然做法相似,但是构建假说与验证假说所需要的信息截然不同。

构建假说所需的信息往往来源于日常收集,此类信息相对容易入手，且范围较广、不够深入。验证假说所需的信息则需要专门进行收集，此类信收集起来相对费劲，且范围较窄，比较深入。一旦将两者混淆，就会容易出错。比如说，明明没有构筑假说，却轻率地开展了具体且深入的调查；明明对方要求具体且精准的答案，却只随便提供了一个看似精准的回答。因此，我们应该正确认识到自己收集信息的目的到底是什么。

● **构筑假说的三个步骤**

说到构筑假说的具体过程，需要经历以下三个步骤。

1. 牢记论点。
2. 时刻想着答案是什么。
3. 广泛阅览大量信息。

第一步是"牢记论点"。我在前文中重复过很多次，没有论点就没有假说。对方的问题是什么？应回答的要点是什么？我们必须把这些问题放在心里，怀着寻找答案及启发的心情进行探索，这点尤为重要。假如只是漫不经心地阅览信息，没有牢记论点，恐怕不会有任何发现。这就好比我们想买某款车时，会立刻注意到路上有同款车型经过；如果喜欢某品牌挎包，在大街上很容易就能发现过往行人背着该品牌挎包。只要你做到在阅览信息时牢记论点，就会迅速发现可能性较高的答案。

第二步是"时刻想着答案是什么"。此处请注意"什么"这一词，即从what和how的角度开放式思考问题。假如一开始就采用限定式提问，思考甲好还是乙好，就意味着过早把选项限定到极小的范围，不符合本阶段的需要。毕竟，答案可能既不是甲，也不是乙，而有可能是丙。因此，最开始应当扩大视野去思考答案到底是什么。

最后一步是"广泛阅览大量信息"。此处的信息是指所谓的"储备信息"。此类信息范围较广却不够深入，并非为了某种目的而专门收集。举例而言，报刊、杂志、书籍、市场调查情报、官方统计、网络信息、公司销售日志、技术分析数据等各种信息来源都可以作为储备信息。构建假说前，我们最好尽可能广泛地参考此类信息来源。

● 扩大假说范围，提高假说的准确度

假说验证能力的应用难点在于不断构建准确度较高的假说。无论是谁，只要按照上述三个步骤牢记论点、时刻想着答案是什么、广泛阅览大量信息，姑且不论是否正确，至少能够成功构建出一个假说。然而若要做到提高假说的准确度、增加假说数量并不容易。既然如此，我们应当如何去做，才能大量构建准确度较高的假说呢？

这时我们需要用到第2章介绍的基本技能，即纵横逻辑思考能力。以房屋租赁为例，一开始，房屋中介想象不出客人A喜欢哪类房屋。虽然他能从A的服装、随身携带物品等猜想A的喜好，然后向A推荐一两处房屋。可是倘若A说："能否再给我介绍几处房屋？"这时房屋中介恐怕就不知道该怎么办了。然而，假如房屋中介具备纵向逻辑和横向逻

辑的思考能力，就能进一步扩大和深化假说。比方说，房屋中介先试着把房屋X介绍给A，A颇感兴趣地回应道："离车站挺近，不错。"

这时房屋中介就该用到横向逻辑了。房屋中介开始思考："若要缩短通勤时间，是不是只能选择离车站较近的房屋？"除了离车站较近以外，是否还有其他因素有利于缩短通勤时间？然后他发现，车站等候时间和乘车耗费时间等也会有所影响。假如房屋中介没有使用横向逻辑，恐怕他只会纠结于是否还有其他房屋离车站较近。而使用了横向逻辑后，搜索条件就会扩大到"距离车站较近、地铁线路较多、乘车耗时较短"等方面，这样就明显扩大了假说的范围。

接着，房屋中介开始使用纵向逻辑了，他想："离车站近就能缩短通勤时间吗？"此时请大家回顾第2章提及的导致纵向逻辑薄弱的三种原因：前提条件不同、把不同性质的东西同质化、偶然的必然化。然后房屋中介注意到，就算与车站的直线距离较近，如果需要绕行、途经铁轨、上下班高峰要等很久、必须上下三个天桥等，照样会影响到通勤时间。这些就是导致逻辑无法成立的要素。假如不使用纵向逻辑，房屋中介就只能简单地告诉客人："这里离车站很近。"而使用了纵向逻辑，他就能对客人说："这里离车站很近，不仅路况良好，而且不会途经铁轨、天桥，很快就能抵达车站。"这样一来，假说的准确度自然得到了提高。

总而言之，正确使用横向逻辑和纵向逻辑的思考能力，有利于构建出更多、准确度较高的假说。

● **要点**

构建假说

1. 假说是指针对论点做出的假设性回答。

2. 理解假说需注意如下三点。

（1）假说归根结底是指针对论点做出的假设性回答。没有论点就没有假说。

（2）假说不是没有根据的瞎猜，是根据有限的信息做出的假设性回答。

（3）由于假说缺乏客观事实根据，因此和答案不同。

3. 之所以需要假说，是因为它能缩小选项范围、提高讨论效率。

4. 为了不让对方费脑思考，构建假说相当重要。

5. 构建假说需要以某些信息作为依据。假说不可能凭空出现。

6. 在工作过程中，我们到底是在构建假说，还是在验证假说？我们要时常思考这点。

7. 构建假说需要经历三个步骤：牢记论点；时刻想着答案是什么；广泛阅览大量信息。

8. 只要熟练掌握横向逻辑和纵向逻辑，就能扩大假说范围，提高假说的准确度。

第4节　实施验证

● **证明假说**

针对对方的疑问，即论点，我们提出了自己的假说。至于假说正确与否，则需客观事实和逻辑进行证明。这个过程就是验证（图3-11）。

我在"构建假说"那一节已经讲过，由于假说是根据自己过去的经验以及其他偶然获得的信息等推断出的假设性答案，我们既不知道假说是否正确，也不知道对方是否会接受我们的答案。若要让对方接受，就必须用"正确的逻辑"和"坚实的证据"来证明主张的正确性。

实施验证需要"正确的逻辑"和"坚实的证据"，二者缺

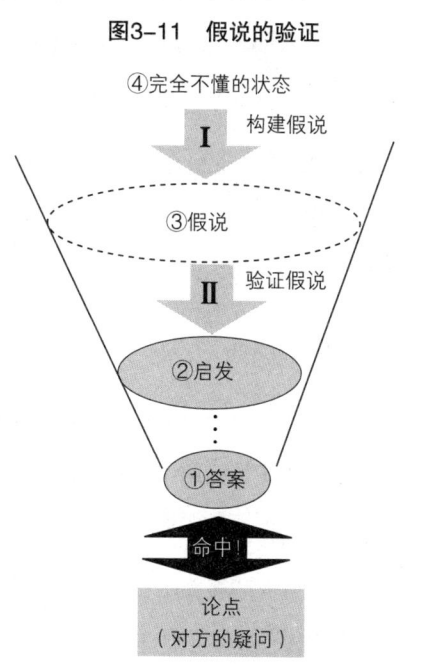

图3-11　假说的验证

④完全不懂的状态
Ⅰ　构建假说
③假说
Ⅱ　验证假说
②启发
①答案
命中！
论点（对方的疑问）

一不可。两者之间的关系就好比数学方程式和数字，少了任何一项都无法计算出正确答案。

1."正确的逻辑"＝逻辑正确＝从数学的角度来说，就是方程式正确

2."坚实的证据"＝事实正确＝从数学的角度来说，就是代入方程式里的数字是正确的

首先，"正确的逻辑"是指第2章阐述的纵横逻辑，也就是防止他人质疑"真是这样的吗"的纵向逻辑和防止他人质疑"仅仅如此吗"的横向逻辑。纵横逻辑兼备，才能构建出正确的逻辑。

其次，"坚实的证据"是指我们通常所谓的"事实"（Fact），即客观数据等。即使逻辑再怎么正确，指鹿为马这种做法也绝对不会有什么说服力。鹿就是鹿，马就是马，这就是"事实"。

由此可见，验证就是使用逻辑和事实来证明假说正确与否的过程。请大家务必牢记这个定义。

● **验证的陷阱**

在此介绍一下我们在验证过程中容易落入的陷阱。我在前文中曾指出，验证就是使用"正确的逻辑"和"坚实的证据"来证明假说正确与否的过程。然而现实生活中，若要进行某项验证，首先要面对的就是验证所需的庞大工程。构筑正确的逻辑固然耗费精力，可是收集客观事实作为证据并展开分析的过程更为耗费精力。

比如，现在我们要制作一份公司内部使用的会议资料。为此我们在公司里不停奔波，收集了各种信息并进行分析，最后整合出需要的数据。整个过程耗费了将近一个星期的时间，而诸如此类的工程简直就如家常便饭一般普遍。事实上，只有在相关人士意见不同时才需要验证。假如相关人士意见相投，无需收集证据进行验证就能推动话题的进展。正因为意见不同，才需要我们花费大量的时间精力去收集验证所需的相关信息。倘若缺乏了详实的客观证据，就不可能让大家的意见归于统一。

此时我们容易落入的陷阱是"没有假说的验证"。具体而言，有些人的注意力被庞大的工程所吸引，东奔西跑，忙于收集各种信息，反而忘了目的、论点、假说到底是什么。尽管他们努力收集了各种信息，可是到了需要验证假说的时候，不是缺了某个必要信息，就是加入了过多不必要的信息而导致效果不佳。

最容易落入此类陷阱的往往是年轻职员。但是他们落入陷阱的原因多是上司的指示有问题。换言之，假如上司明确告知这次的目的、论点、假说是什么，然后要求年轻职员进行验证，就算再缺乏经验的新人也能高效率地收集最低限度的信息。然而如果上司图省事地下达模糊的指令，要求年轻职员"去调查一下"，恐怕年轻职员不仅忘了假说，连论点和目的都没看清就忙着收集信息去了。这种情况下，不做无用功反而会令人感到惊讶。

因此，实施验证之前，我们应当确认自己是否已经做到了正确理解目的、准确把握论点、切实构建假说。毕竟,没有论点的假说和没有假说的验证都是毫无意义。

● 验证没有尽头

或许很多人都已经发现,一到需要验证的时候就会遇到各种困难。毕竟我们要说服的是一群持有不同意见的人,因此不可能顺利。比方说,你提出了一个假说:"这个市场肯定会继续壮大!"假如大家都毫无障碍地接受了这个假说,那么谁都不用辛苦了。

但是这时哪怕有一个人持有疑虑,就无法顺利地展开话题了,因为你需要验证自己的假说。于是你展示了过去三年间的市场规模变迁图,该图确实证明了市场正在扩大。然而仅靠这种程度的逻辑和事实,恐怕无法让你充满自信地宣布假说验证成功。对方可能会要求你进行大量验证,例如市场规模的预测、消费者动向的调查、市场壁垒的有无、竞争对手的策略、产品和服务的成本设计、广告费用的规模……要做的验证工作多得让你喘不过气。

让我们回顾上贺茂制作所的故事。户崎先生以"塔里克丝公司同为社长独立创办的家族企业"为事实根据,断定该公司与上贺茂制作所的企业文化相似。这种程度的事实无法让宫里社长满意。宫里社长不客气地指出:"不了解对方社长的性格就不能如此断言。"那么,我们应该做到何种程度,收集多少数据,才能让所有人接受我们的验证结果?

在第2章中我曾强调："逻辑是否合理不是由自己决定，而是由对方决定。"其实这句话同样适用于事实。虽然"事实正确与否"同样由对方决定，但是人与人的意见各有不同。举例而言，有的人看到过去三年的市场规模变迁图后，或许会认同该市场正在发展壮大；有的人则有可能根据过去十年的数据认定该市场正在衰退。至于到底应该根据过去几年的数据展开分析，这个问题没有绝对的正确答案。其结果就是"正确与否由对方决定"。

由此可见，验证没有明确的尽头。我们只能在条件允许的范围内尽可能多地展开调查，直到说服对方为止。我在从事咨询工作时每天都要工作到深夜，常常感慨于工作多到做不完。验证假说是个相当庞大的工程，真正做起来简直没有尽头。当对方终于表示赞成，或者我们用尽了诸如体力、精力、能力、时间等所有可用的资源之后，验证才终于可以宣告结束。

● **即使验证结果被认为是理所当然也没有关系**

除上述困难以外，实施验证往往还会有这样的窘境：那就是辛辛苦苦调查分析之后却只能推断出看似理所当然的答案。为了验证"这个市场肯定会继续壮大"，你努力收集各种"坚实的证据"，结果却只是证明了"这个市场肯定会继续壮大"。对方听过之后抱怨："不用你讲这些杂七杂八的东西，我也早就知道这个市场肯定会继续壮大。"对方的话语使你感到非常郁闷，而拥有类似经历的人其实不在少数。

仔细想想，出现上述情形其实相当正常。毕竟，只有在众人意见不同时才需要进行验证。而大家的意见不同本身就意味着有若干人和自己持相同的观点。因此，被这些人吐槽"早就知道了"也是没有办法的事情。更进一步去讲，因为"验证"只是为了给"假说"提供证据，而假说的构筑参考了过去的经验，也就是说，在构筑假说之时我们基本上已经预见到了结论。因此，我们的验证结果被认为是"理所当然"也是没有办法的事情。

既然如此，为何有必要进行验证呢？有的人说："验证太过麻烦，而且得出的净是理所当然的答案，所以完全没必要进行验证。"这句话恰恰反映了验证的艰难和低回报。虽然验证本身是一项极为枯燥的工作，你可能认为没有必要进行验证，但是正是通过验证，我们才证明了答案的正确性，这个过程也有其自身的价值。

● 二八法则（八成理所当然，两成新发现）

我在担任咨询师时常常对公司同僚及客户讲："假如验证结果当中有80%证明了理所当然的答案，20%促成了新的发现，就说明验证非常成功。"

首先解释前半句的80%证明了理所当然的答案。证实理所当然的答案看似毫无意义，实际上却能推动对话的进展。毕竟，理所当然的事情经过分析证明之后就能变成"坚实的证据"。如上文所述，虽然一部分人会抱怨"不用调查我也知道"，但是其他人会在看到证据后经历这样一个心理过程："怎么可能？这不是真的，太奇怪了吧？……这样啊，我之前都不知道。原来如此。"如此一来，争论不休的局面得以终结，对话得以继续推进。尽管验证过程相当枯燥，但是事实证明，验证假说对于公司的运营来说是一项非常重要的工作。

纵观各个公司的会议场景，我发现有些人不喜欢从正面直接反驳对方："我反对你的意见。"他们更倾向于根据某种事物展开讨论："从这个数据来看，只能得出这一结论。那就朝这个方向推进吧。"许多企业之所以迟迟讨论不出结果，很可能是因为动手进行枯燥验证的人太少。倘若假说验证能力高超的人才越来越多，想必公司的经营会变得愈加顺利。持有这一主张的应该不止我一个人。

下面来看后半句的20%促成了新的发现，即在验证过程中构建出新的假说。构建假说的过程与验证已有假说的过程很难明确分割。如果只是根据已知的信息和过去的经验，只能构建出有限的假说，然而当我们着手验证现有假说时，会收集到许多新信息，开始思考新的论点，进而构建新的假说。

由此可见，尽管验证过程非常枯燥，但是只要验证结果当中有80%证明了理所当然的答案，20%促成了新的发现，那就说明验证很有意义。

● **采用确凿的事实根据**

接下来我将会介绍验证假说的诀窍，那就是采用确凿的事实根据。

在前文中我指出，验证就是尽可能多地收集证据，让所有人都赞同假说的过程。就算逻辑合理，如果事实根据不够确凿，那么答案也不会正确。这就好比数学方程式非常正确，但是代入的数字有误，那么计算结果肯定也会出错。一旦集齐了确凿的证据，我们的主张在说服力方面就会实现质的飞跃。那么，确凿的事实根据到底是什么呢？

其实，事实根据的说服力会因为属性不同而有强有弱，属性是指该事实根据是从哪里获得，又是何种数据。当然，事实根据可能会因内容不同而有所差异，不过以我曾在多家公司提供咨询服务的经验而言，不论是哪家公司哪类人，大家基本上都对事实根据的确凿性持相似观感。

事实根据的属性可以按照以下三种角度分类（图3-12）。

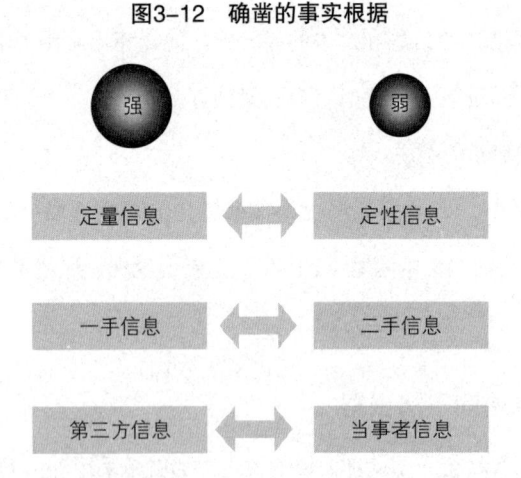

图3-12 确凿的事实根据

强	弱
定量信息 ⇔	定性信息
一手信息 ⇔	二手信息
第三方信息 ⇔	当事者信息

1. 定量信息⟵⟶定性信息

2. 一手信息⟵⟶二手信息

3. 第三方信息⟵⟶当事者信息

下面我将会从上述三种角度分别对比事实根据的确凿性。

1. 定量信息VS定性信息

定量信息是指可以测定的信息，其典型代表为数据。由于测定结果大多可用数字表示，所以说到定量数据，大多是指数字。不过有些情况下，非数字信息也能算入定量信息。比如说，把多个产品拍进同一张照片里，光从表面就能看出哪个大哪个小。这种信息就是定量信息。另一方面，定性信息是指从他人的话语、新闻杂志的报道等获取的"感性信息"。两者相比起来，定量信息更为确凿。因为定量信息不涉及主观看法，标准比较统一，所以说服力较强。而定性信息则不同，一百个人眼里有一百个哈姆雷特，即使阅读的是同一篇文章，人们的理解也会各有不同，因此说服力较弱。

2. 一手信息VS二手信息

一手信息是指亲自行动挖掘出来的崭新信息，例如，销售人员亲自收集的顾客信息、分析调查得出的产品信息等。二手信息则是把别人挖掘出的信息进行整合，比如我们从新闻报道、调查报告、书籍、公司内部收集到的数字等信息都属于二手信息。毋庸赘言，一手信息必然比二手信息更有说服力。

3. 第三方信息VS当事者信息

第三方信息是指由第三方而非当事者口中获得的信息，对于公司而言，第三方信息相当于"公司外部传来的信息"。与此相对，当事者信息则是从当事者的口中获得的信息，相当于"公司内部的信息"。这种情况下，第三方的意见显然更为客观，比较可信。

所谓最具说服力的信息，应当是最客观最确凿的信息，即"定量、一手、第三方"三剑合一。具体举例而言，"由信用良好的外部机构开展的顾客调查""行业团体进行的市场预测"等都相当具有说服力。如果我们以此类信息为论据展开论述，想必几乎不会有人会对信息的准确性表示质疑。

与此相反，最没说服力的信息应当是最主观、最随意的信息，即同时具有"定性、二手、当事者"这三种性质的信息，比如"某人从别处听到的感性信息"等。倘若使用了此类信息，即使演讲者的逻辑极为严密，听众也会感到怀疑。

可能有的读者曾把公司内部相关人士的意见整合到一起，向上司提交过方案。一般情况下，此类方案非但无法得到认可，反而会被上司质疑。假如我们深切认识到了"确凿事实根据"的重要性，或许就能避免此类事件的发生。毕竟，"公司内部相关人士的意见"属于"定性、一手、当事者"的信息，其说服力还不够强。如果我们用数据等定量信息取代定性信息，不仅听取公司内部人员的意见，而且征求外部专家等第三方的意见，只要稍加努力，应该就能大大提高我们的提案能力。除此之外，还有如下几个技巧。

- 不要用"多""少"等词语进行描述，而应收集准确的数据，并添加图表。

（定性信息→定量信息）

- 不要直接照搬报纸、杂志上的案例，而应打电话亲自询问，并将询问结果添加到资料里。

（二手信息→一手信息）

- 不要仅提交自己所属部门的内部意见，至少还应征询其他部门的意见，最好能够征求到公司外部人员的意见。

（当事者信息→第三方信息）

- 不要囫囵吞枣，而应将销售信息与客观统计结果展开对比，重新合计，导出数据。

（当事者信息→第三方信息）

上述工作或多或少都会耗费我们的工夫。不过，比起提案未能通过、灰头土脸地撤回提案、多次修改直到方案通过，预先耗费工夫争取一次通过显然更有效率。

● 要点

实施验证

1. 验证是指用客观事实和逻辑来证明假说正确与否的过程。

2. "没有论点的假说"和"没有假说的验证"都毫无意义。

3. 验证没有明确的尽头,有时辛苦调查分析之后却只能推断出看似理所当然的答案。

4. 尽管验证很难,但一旦成功进行了验证,就能中止争论、推进课题。

5. 验证结果当中有80%证明了理所当然的答案,20%促成了新的发现。

6. 在验证过程中,应当有意识地添加确凿的事实根据。

7. 最具说服力的信息应当是"定量、一手、第三方"三剑合一。

第5节　提取启发

● 何为启发

现在介绍一下验证假说能力的最后环节——提取启发。

所谓"提取启发",简而言之,是指"把自己想说的内容总结为结论"。在前文当中,我们首先探知了对方的疑问并找出了相应的论点,然后根据相关信息构建了假说,接着经过各种分析收集了大量证据进行验证。到了最后关头,假如我们没能恰当地整理传达出自己总体想要表达的东西,那么提案就会变得虎头蛇尾。从这个角度来讲,"提取启发"是整个假说验证思考过程中的集大成者,占据着相当重要的地位。

可是说到"提取启发",又有多少人能够理解其中的含义?虽然企业咨询师常常会用到这一术语,但是普通人恐怕并不常用。记得我刚进公司时头一次听到"提取启发"这个术语,还曾一度感到困惑。"提取启发具体是提取什么内容呢?"面对我的疑问,对方却只会回以诸如"提示""用意""想说的话"等极为含糊的答案。

有时,我在解说完资料后会被要求"给出更清晰的提示""写明用意"等。遇到此类要求,我偶尔会产生一种冲动,想要反问对方"到底想让我具体阐明什么内容?""要我把哪个部分明确写出来?"

144　精准表达

在整个职业生涯当中，作为咨询师的我一直在思索何为启发。最终我终于得出了一个答案，所谓启发，就是"有益于把握论点核心的信息"。

具体而言，请参照图3-13。该图揭示了答案、启发以及随意的主张之间的差异。首先要解决对方有疑问之处，我们需要作答的部分就是"论点"，而针对论点做出的没有证据的回答就是"假说"。最后我们需要总结出自己的结论，其结果有三。

图3-13　答案、启发以及随意的主张

想知道的事项的整体情况

对方的疑问 = 论点

因为不了解这一点，所以无法把握整体事项

假说 — ①答案 — ②启发 — ③随意的主张

没有证据的答案　｜　完全解答了对方的疑问　｜　虽未完全解答，但是已经聚焦于对方的疑问　｜　与对方的疑问没有任何关系

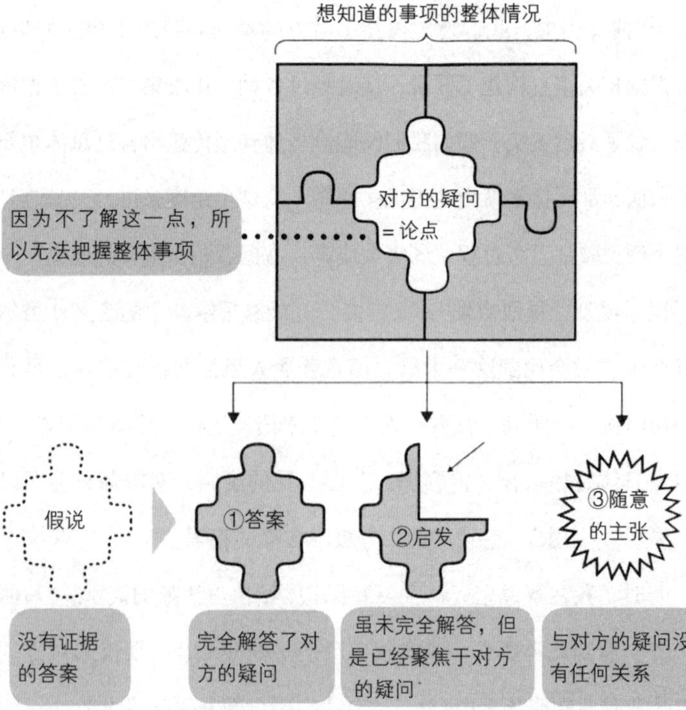

其一，答案。这是指针对对方疑问做出的100%的回答。让我们再回顾一下租赁房屋的案例。客人A为了缩短通勤时间打算搬家，作为房屋中介，如果你能充满自信地回答"该房屋绝对满足您的需求，能够缩短通勤时间"，那么这就是"答案"。

其二，启发。虽然它不能对论点做出100%的解答，却把对方的疑问，即论点聚焦到了一定的范围。用租赁房屋的案例来说，"启发"就是告诉对方"该房子就在铁路沿线，只有5站路""从房子到车站仅需步行5分钟"。虽然没有直接回答A"是否能够缩短通勤时间"的疑问，但却把"有可能缩短通勤时间"的推测告诉了对方，缩小了论点的范围。也就是说，如果你告知对方"该房屋就在铁路沿线，只有5站路"，对方就能大致推测出乘车所需时间，接下来仅需确认房屋到车站的距离即可。倘若你告知对方从房子到车站仅需步行5分钟，那么对方接下来要做的就是确认乘车所需时间。

其三，随意的主张。这是指完全无视或者没能理解对方的疑问，按照自己的喜好随便发表意见。比如说，客人A想搬到一处能够缩短通勤时间的房屋，房屋中介却一味强调某处房屋"极为宽敞""是新建的"。可能有些读者会说，现实中不可能有这种情况发生。请回忆一下公司内部会议以及给客户做汇报时的场景，想必大家都遇见过喋喋不休、尽讲一些大家不感兴趣内容的人吧。明明没有把握好目的和论点，却强调说这就是启发或意义，其实不过是自以为是地认为自己的答案有用罢了。

这三种结果当中,"随意的主张"肯定不合适。而与"启发"相比,"答案"显然更为恰当。但我却认为"提取启发"比"提交答案"更重要。下文将阐明我的理由。

● 为何无法提交"答案"

如果我们能够针对论点提交出完美的答案,那就万事大吉了,然而实际上提交"答案"没有那么简单。举一个商界中常会遇到的场景。假如你是某公司产品开发部的领导,最近,某风险企业向市场推出了一款产品,该产品与你所在公司的产品极为相似,且市场销售价格不到你公司售价的一半。

如果你不想输给竞争对手,肯定会把论点聚焦于"我公司是否需要立刻采取相应措施进行抗衡"。针对这一论点,你提出了自己的假说,"竞争对手为了加入这一市场不惜亏本销售,因此无需特意打压。"接着你向下属下令,要求下属验证自己的假说是否正确。为了回答"是否有必要采取相应措施进行抗衡"这个问题,你的下属想必会尝试进行各种调查。可是针对这个问题,下属能否明确回答"是"或"否"呢?很遗憾,多数情况下下属无法提交自己的答案。其原因何在?

"回答"是指你找到了事实根据并构建了合理的逻辑,因此非常自信自己的答案是正确的,敢于断言"的确如此"。从这个定义可以看出,"无法回答"的原因则在于逻辑不够合理,抑或事实根据不够充足。"逻辑不够合理"意指"过于武断"。在商务工作当中,因太过武断而无法被看作答案的现象比比皆是。"事实根据不够充足"则意味着"没有根据的断言"。没有根据就随便断言是一种极不负责的行为，其说服力较弱，对方往往会质疑"真是这样的吗""仅仅如此吗"。换言之，这些都不能算作"回答"。

● **世界没有那么单纯**

我们先来讨论下"逻辑不够合理"这一问题。关于逻辑为何会变得不合理，原因在于世界没有那么单纯，就算经由调查分析找出一两个事实根据，也不见得可以轻易断言应当如何应对。比如前文的例子当中，若要逻辑清晰地断定"应该采取相应措施进行抗衡"，至少需要集齐如下多种事实根据，才能增强结论的说服力。

- 市场：该产品的市场仍在扩张当中，前景很好。
  顾客越来越倾向于重视价格因素。
- 竞争：因为竞争对手一直在盈利，所以未来也能继续保持这个价位。
  除该风险企业以外，其他公司也在计划生产价格低廉的类似产品。
- 己方公司：己方公司正在研发新产品，可是与竞争对手的产品相比，价位明显会比较高。而如果把现有产品降至竞争对手的同等价位，则会面临巨大的亏损。

→因此，我公司必须尽快采取相应措施进行抗衡。

即使集齐了上述事实根据，也不见得能完全说服领导采取措施进行抗衡。不过这比仅仅验证了"竞争对手在亏本销售"就断言"应该迅速采取对策"这种做法强很多。

其实商界中需要解决的"论点"往往更为复杂，而为了提交"答案"就必须在相当广阔的范围展开深入的调查。因此，纵然通过验证收集了一两个分析结果，这些分析结果也不过是逻辑和事实根据的"零件"。仅靠一小部分"零件"自然无法提交完美的"答案"，即使提交了所谓的"答案"，也不过是言过其实。

就算我们通过分析总结得出了某项结论，这项结论充其量也只是"符合论点和逻辑需要的众多事实根据中的一种"。也就是说，我们应该把该结论定性为"启发"，即"有利于聚焦论点的信息"，而不是武断地将其解释为"答案"本身。

● 不存在完美的事实根据

接下来让我们讨论一下"没有根据的断言"。为何我们会妄下断言？答案很简单，这是因为"不存在完美的事实根据"（图3-14）。

上文中我们提出了自己的假说——竞争对手为了加入这一市场不惜亏本销售。要证明对方是在赔本赚吆喝，就需要找出相应的事实根据。最可靠的办法是根据对方的财务信息来判断是赚是赔，然而大多数创业公司都不会对外公开自己的财务信息。虽然有的公司会发布信用调查报告等资料，但是这些资料最多公示了公司向政府申报的收入，通常不会显示营业利润等关键信息。并且，就算我们获知了竞争对手的财务信息，那也只是整个公司的最终统计。具体到某个特定产品是赚是赔，一般情况下则难以获知。

图3-14 难以提交"答案"

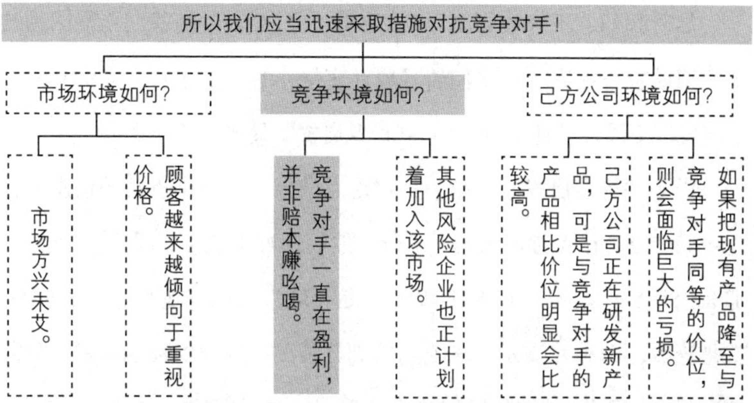

```
                    所以我们应当迅速采取措施对抗竞争对手！
        ┌──────────────────┬──────────────────┬──────────────────┐
      市场环境如何？        竞争环境如何？        己方公司环境如何？
   ┌──────┬──────┐     ┌──────┬──────┐     ┌──────┬──────┐
  市场    顾客    价    竞争    其他    己方    如    则
  方    越    格    对    风    公    果    会
  兴    来    。    手    险    司    把    面
  未    越         一    企    正    现    临
  艾    倾         直    业    在    有    巨
  。    向         在    也    研    产    大
        于         盈    正    发    品    的
        重         利    着    新    降    亏
        视         ，    加    产    至    损
        。         并    入    品    与    。
                   非    该    ，    竞
                   赔    市    可    争
                   本    场    是    对
                   吃    。    与    手
                   喝    。    竞    同
                   。         争    等
                              对    的
                              手    价
                              的    位
                              产    ，
                              品
                              相
                              比
                              价
                              位
                              明
                              显
                              会
                              比
                              较
                              高
                              。
```

难以提交"答案"的原因
（1）要构建一套能够涵盖整体的逻辑相当困难。如果仅仅因为找出某项事实根据就迅速得出结论，这样做未免太过武断。
（2）本来就很难获取事实根据。

除此以外，我们还可以向对方公司的工作人员打听是赚是赔。然而问题在于，很少有工作人员能够立刻回答出某个特定产品的盈利情况。就算有工作人员回答出了这个问题，谁也不知道他的答案是否正确。最后还有一个办法，那就是把对方的产品拆解为各个零件，然后调查各个原材料的普遍价位，合计估算出对方的成本，价格减去成本即是利润。然而我们最多只能了解对方的直接成本，至于经营业务所需的销售及一般开支（SG&A：Selling, General and Administrative Expenses）等间接成本则无法获悉。最终还是很难判断对方是赚是赔。

竞争对手是不是在赔本赚吆喝？乍一看，这个问题似乎很容易解答，然而实际操作起来才发现很难验证。总而言之，在商务现场要做

到"验证假说提交答案",可谓相当困难。

尽管我们"不知道答案""验证不了假说",可是我们不能因为这个原因就轻言放弃。让我们暂且放弃直接作答,把注意力集中到"提取启发"上。在上述案例当中,"提取启发"具体是指什么?

因为"提取启发"是指为把握论点的核心而提供有益的信息,首先我们应当把论点细分为若干部分,然后针对其中几个部分进行解答。那么论点是什么呢?上述案例中,"是否应当采取措施对抗竞争对手"就是论点。图3–15展示了该论点的细分情况。要做到提取启发,只需解决其中一部分问题即可。例如,

- 该产品的市场仍在扩张当中,未来前景看好。
- 过去几年,竞争对手的营业利润是在不断增长。
- 如果把己方公司的现有产品降至与竞争对手同等的价位,则会面临巨大的亏损。

→因此,己方公司最好尽快采取相应措施进行抗衡。

如大家所见,关于"是否需要采取相应措施进行抗衡"这一论点,我既没有直接地回答"是"或"否",也没有集齐事实根据加以逻辑分析。但是为了聚焦论点,我重点收集了其中一部分事实根据,并把人们的讨论引导至"采取措施"这一方向。这就是"启发"。大家是不是已经明白了提取启发的整个过程?

图3-15 "提取启发"的具体案例

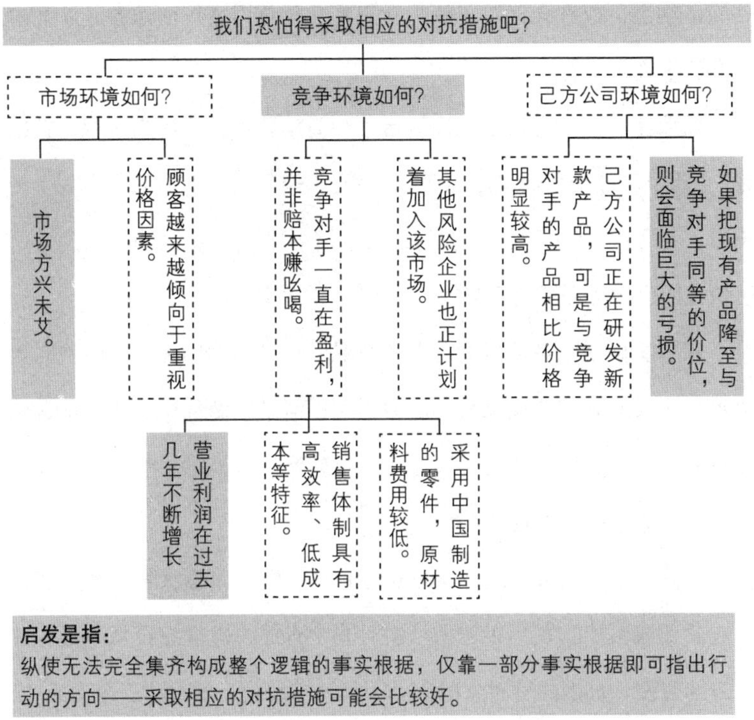

```
                    我们恐怕得采取相应的对抗措施吧?
        ┌───────────────────┼───────────────────┐
   市场环境如何?         竞争环境如何?         己方公司环境如何?
```

- 市场方兴未艾。
- 价格因素。
- 顾客越来越倾向于重视价格因素。
- 竞争对手一直在盈利,并非赔本赚吆喝。
- 其他风险企业也正计划着加入该市场。
- 明显较高。
- 己方公司正在研发新款产品,可是与竞争对手的产品相比价格明显较高。
- 则会面临巨大的亏损。
- 如果把现有产品降至与竞争对手同等的价位,则会面临巨大的亏损。
- 营业利润在过去几年不断增长。
- 销售体制具有高效率、低成本等特征。
- 采用中国制造的零件、原材料费用较低。

启发是指:
纵使无法完全集齐构成整个逻辑的事实根据,仅靠一部分事实根据即可指出行动的方向——采取相应的对抗措施可能会比较好。

● 提取启发应注意三个要点

如此看来,提取启发似乎显得有些"狡猾"。因为该行为既没有100%地肯定或否定论点,又没有正面验证对方提出的假说。

当对方询问我们"是否需要立刻采取相应措施进行抗衡"时,我们斩钉截铁地断言"应当采取措施",必然让对方觉得很好。而委婉地表示,则会让人觉得你在犹豫。针对"竞争对手是在赔本赚吆喝"的假说,如果我们仅仅告知"竞争对手过去几年营业利润不断增长"这一验证结果,或许会让对方认为我们是在故意回避正面作答,从而对我们产生负面印象。

然而在商界,事实上人们恰恰不会简单地断言"应当采取对抗措施""竞争对手是在赔本赚吆喝"。因此,倘若我们不能克服心理上的不适,容忍自己仅仅做到"提取启发"这个程度,那么无论经过多久,恐怕我们也无法提交出完美的"答案",进而推动讨论的进程。

在事实根据与逻辑极为有限的情况下,虽然我们无法果断地做出决定,而仅能做到"提取启发"的程度,但是,做到这个程度就意味着我们可以接着展开讨论,决定下一步应当深入挖掘哪些部分。如此一来,讨论进程自然能得到推进。

也就是说,如果我们顺利提取到了"启发",那就无需直接回答论点或验证假说了。我当年初入社会时非常青涩,常常想要从正面验证对方的假说、直接回答对方的论点,其结果却是诸事不顺、毫无成效。其实商务世界既不需要斩钉截铁地"回答"论点,也不需要原原本本地验证对方提供的假说。只要我们做到聚焦论点、提取启发、指引方向,那就足够了。

提取启发应注意三个要点,具体如下。

1. 正确理解目的和论点

第一个诀窍是"正确理解目的和论点"。因为原原本本地验证对方提供的假说相当困难,倘若在展开验证的过程当中,我们忘记了验证的目的是什么，就很容易遇到瓶颈。用前文的案例来讲，假如我们只顾着调查竞争对手亏本与否，那么我们会很容易触礁，很久无法提交完美的答案，结果就是白忙一场、毫无收获。

其实验证的目的是为了回答一个大论点，即"我公司是否需要立刻采取相应措施进行抗衡"。假如竞争对手是在赔本赚吆喝，己方公司则无需自乱阵脚。也就是说，调查竞争对手亏本与否只不过是提取启发的一个手段。

充分理解论点之后，即使我们无法准确查知竞争对手的成本利润，也能提取到相应的启发。比如，"竞争对手过去几年销售利润不断增长，并非赔本赚吆喝""对方使用中国制造的零件，原材料价格远远低于我公司，因此我认为对方并非赔本赚吆喝"……这些都是针对论点所提取的启发。

简而言之，如果我们在正确理解目的和论点的基础上验证假说，即使假说本身很难验证，也可以围绕论点另辟蹊径，建立其他的假说，自行设计其他的验证方式。如此一来，我们同样有可能最终做到提取启发。

其实在商务场合，我们常常会听到诸多抱怨。下属抱怨上司总是下达不切实际的指令；上司抱怨则下属毫无创造性、只会唯命是从。许多下属依照上司的指令采取行动后，最终却不得不承认自己无能为力。上司要求下属调查竞争对手的同款产品盈利与否，如果下属只是呆板地按照指令行事，他会发现根本无从调查，结果必然是承认自己能力不足。

上司下令，下属遵从，这一工作方式看似简单明了。可是假如在未能充分理解目的与论点的情况下胡乱采取行动，下属就很有可能白忙一场。因为上司仅仅提供了一种工作流程，呆板地按照指令行事也就意味着一旦失败则没有其他替代手段。尽管充分理解目的与论点需要很长时间，但是这个时间是必须耗费的，否则最终结果很可能是找不到答案。关于这一点，请下达指令的上司和接受指令的下属务必注意。总而言之，上司在下达工作指令时应让下属充分理解工作的目的及论点，下属在接受上司指令时应积极把握工作的目的及论点，这是提取启发的重要前提。

2. 把握论点的核心

第二个诀窍是把握论点的核心。当我们充分理解了目的与论点之后，就该分解论点，找出最能打动对方的事实根据，这就是把握论点的核心。

在上个案例当中，"是否需要立刻采取相应措施进行抗衡"是一个大论点，我们要做的就是将其分解成若干部分，找出对方最想知道的部分。图3-15首先把大论点分成了三大部分，那么对方最想了解哪一方面呢？当然，答案因人而异。假如我们是对己方公司的董事们进行说明，就应当收集如下事实根据。

其一，市场。稍微懂点时事的人想必都能凭感觉做出"市场方兴未艾"的判断，这没有什么新奇之处。而"顾客重视价格"这一事实更是人尽皆知。因此这两点都无法成为核心论点。

其二，竞争。因为己方公司不大了解竞争对手的情况，所以该部分正中靶心的概率较大。竞争对手在同款产品上到底存在哪些优越之处？想必己方公司对此应该会很感兴趣。

其三，己方公司。并不是所有董事都了解己方公司新款产品的研发情况和旧款产品的成本结构。如果认真进行分析、找出事实根据，想必会令董事们印象深刻。旧款产品败于敌手也就罢了，倘若连新款产品都难以与之抗衡，恐怕会令董事们大吃一惊。

如上所述，在将大论点分解之后，我们发现有两项事实根据最有可能触动董事：竞争对手的同款产品到底比我们优秀多少？我公司的新款产品到底存在哪些缺陷？我们只要把这两点告知董事们，必然能让他们认识到公司的困境，促使他们迅速采取相应措施进行抗衡。

由此可见，最重要的是要从大论点中找出核心部分。要找出核心论点不能凭空捏造，而应利用前文提及的感性思维察言观色、准确感知对方的性格及思考模式等。那些工作能力极为出众的人们往往非常擅长把握论点的核心。面对上司的工作指令，要做到面面俱到、毫无遗漏是相当困难的。假如我们做到了准确把握论点的核心，就能在大量缩减工作量的情况下给对方以启发。

3. 不要设计无法验证的方案

最后一个诀窍是提前确认数据是否存在、不要设计无法验证的方案。在这个世界，有些数据根本没法收集，这样一来自然不能进行验证。举例而言，太过详细的信息、范围过广的信息、内部情报、未来情报等信息都没法收集。如果你在验证方案的过程中打算使用此类信息，那么一开始就注定你无法找到答案。

何为太过详细的信息？比如说，"把产品的成本结构按照市场、消费者、产品、生产据点、生产线、生产日期、生产设备等项目进行详细划分"，就属于太过详细的信息。即使收集的是己方公司的成本信息，恐怕也很少有公司会做到这么细致的管理。何为范围过广的信息？"全世界180多个国家的理发店数量"就属于范围过广的信息。发达国家或许存在相关的统计资料，然而若要把全世界180多个国家的数据全都集齐，那简直就是天方夜谭。何为内部情报？内部情报是指保密性较高的信息，例如"竞争对手各层次工作人员的分布情况"。这种信息我们根本无从收集。那么未来情报又是指什么呢？"己方公司产品开发的失败率"等就属于未来情报。虽然我们有可能大致说出一个数据，可是若要深究到底是10%还是11%，恐怕就无能为力了。

由此可见，没法收集的信息实在太多。我们辛辛苦苦采用逻辑思考构建出纵向逻辑和横向逻辑，努力避免他人对真伪和涵盖范围等产生质疑，并且想要针对对方的疑问做出精准的回答。可是最后，如果我们无法提示某项数据，那么之前的努力也会变得毫无意义。这就好比我们在解答数学题时明明选对了公式，却因为套入的数字有问题，无法得出正确的答案。

不要设计无法验证的方案。这个诀窍看似平平无奇，却极大影响了启发的提取。我曾经参与过一个"无法验证的方案"。当时，上司要求我通过收集美国棒球大联盟选手的安打、全垒打、盗垒等数据找出大联盟选手的年薪算式，证明美国大联盟的年薪高低完全和选手的实力相挂钩。实际操作起来才发现相当困难，我最终也未能获得答案。现在回想起来才发现，原来该方案本身就是无法进行验证的。

要避免设计出无法验证的方案，需要培养"感知数据是否存在的直觉"。如果你在做决策时打算参考根本无法收集的信息，就意味着你永远无法做出决策。尽管做决策时需要某些重要信息，然而现实问题在于我们收集不到太过详细、全面、保密、超前的信息，这点尤其需要留意。许多领导由于身居高位，远离信息的收集和分析的现场，他们越来越缺乏"感知数据是否存在的直觉"。因此，无论是设计方案的上司，还是执行方案的下属，都应认真思考方案验证与数据收集的可行性。

● 要点

提取启发

1. 所谓启发，就是"有益于把握论点核心的信息"。

2. 启发既不是假说验证后得出的"答案"，也不是"随意的主张"。

3. 虽然我们很少能取得完美的"答案"，但是只要我们能获得一些"启发"，就能推动事情的进展。

4. 提取启发需注意如下三点：

（1）正确理解目的和论点。

（2）把握论点的核心。

（3）不要设计无法验证的方案。

第4章

会议设计能力

总结的技巧

STORY-4　开始交涉合作事宜

● 毫无反应的众人

早上九点,一辆出租车停在了塔里克丝公司的门前。塔里克丝公司的大楼比想象中要小,室内装潢却相当时髦,开放式的前厅吸引了户崎先生与中山先生的目光。二人向前台表明来意之后,立刻被引至会客室。会客室里已有五人在座。中山先生一边问候,一边递上名片。一位看起来大约五十出头,面相爽快干练的男士与他寒暄。

"我是塔里克丝公司的坂本。专门在此等候诸位。"

接到坂本先生的名片后,户崎先生与中山先生大吃一惊。因为坂本先生的头衔居然是塔里克丝公司的副社长。没想到一开始就是副社长级别的领导出场,两人不禁有些疑惑。

除了带头接待的副社长坂本先生以外,塔里克丝公司还有三位领导列席,分别是董事会成员兼企划部部长、经营企划部部长、新业务开发室室长。在座还有一人是中山先生的上司——上贺茂制作所的副部长渡边,渡边先生先于中山先生抵达塔里克丝公司。而Precena咨询公司则只有户崎先生到场。

寒暄之后,中山先生开始向众人分发资料。中山先生此前曾向宫里社长提交过这份资料,只不过在此基础上略微进行了修改,大致内容如下。

1. 硬件解决方案的相关介绍
2. 关于合作
3. 方案实施日程表

在中山先生使用幻灯片展开介绍期间，塔里克丝公司的领导们只是凝视着屏幕中的图像，自始至终不发一言。大约30分钟后，中山先生的发言终于结束。

"以上就是我公司的方案。不知道大家有何感想或疑问？"

谁都没有发言，会客室里弥漫着一种尴尬的沉默。中山先生试图找出沉默的原因：塔里克丝公司是不是对这个提案不感兴趣？还是未能理解我方的提案？或者他们根本没打算往这个方向发展？……会议室里依旧鸦雀无声。甚至看不出来坂本副社长是否在思考，因为他没表露出诸如闭上眼睛、双手交叉抱于胸前等思考时常见的动作。这样下去气氛太尴尬了，中山先生的上司渡边先生率先打破了沉默。

"该方案仅仅是我方的一家之言。如果贵公司有什么想法，请不要顾虑，畅所欲言。"

● 意想不到的反对

坂本副社长身体前倾，开始发言。

"那我就把我想到的问题挨个说一下吧。首先，贵公司提出要与我公司合作。我觉得咱们双方的交涉目前还没进展到这个阶段。虽然我是头一次听说硬件解决方案，不过我觉得这个思路非常新颖，找对了方向。但是，贵公司提供的方案现在还只是个概念，要想把它变为现实还需很长的时间。我觉得只有当具体目标都确定好后才能开始讨论合作。

接下来，我并不了解贵公司打算怎样操作这个新项目。其实有许多公司曾经找过我们，想要和我方展开合作。可是问题在于合作不是那么顺利就能取得成功的。有些公司甚至打算把裁员的压力转嫁到我方身上。因此，虽然项目内容的说明非常重要，但我目前更关注的是，贵公司是以何种情况为背景来开展这个项目？是否打算全力推进这个项目？

另外，贵公司的介绍给我的感觉是我公司在这个方案中无法获得益处。我们当然希望增加卖场的趣味性，可是趣味性到底会对经营管理造成怎样的冲击？这点我并不了解。而且，卖场变有趣也不见得一定会增加我们的收益。恕我妄加揣测，一旦我们往店内引进该系统，可能会影响室内面积的使用率，并且导致旧顾客长期停留、新顾客不方便进店。不仅如此，我们还需要花钱投资该系统。引进该系统后，店员的部分接待工作被机器替代，顾客可能反而会放弃咨询，这也是个问题。此外，……"

坂本副社长滔滔不绝地讲了一长串反对意见。迅速成长起来的创业公司果然不可小觑，作为该企业的高层领导，坂本副社长的意见可谓一针见血。他的发言整整持续了30分钟，首次会议未能涉及具体的合作内容就结束了。

● 咖啡馆内的反省

会议过后，户崎先生与中山先生来到了一家咖啡馆，开始商讨善后措施。户崎先生看着新拿到的几张名片说："真没想到有那么多高层领导出席。"

"所有人员都是部长以上的级别，甚至连副社长都出现了。早知如此，我该事先确认一下所有人的职务。这次真是大意了。今天之所以失败，最大的原因就是这个吧？"

"我觉得最大原因应该是会议设计本身存在着问题。既然对方公司来的都是管理层，或许我们不该一上来就介绍具体的项目内容，而应和他们先交流一下管理经验及公司理念等。可能我们不该在今天这个时间点就提出合作。"

"这样啊……哎，我是头一次参与这种商谈，没想到这么复杂，遭到对方这么多责难。真是太受打击了……"中山先生显得有些灰心丧气。

户崎先生鼓励他："别灰心，毕竟这才刚开始，对方对我们的方案还是挺感兴趣的。会议的设计确实挺难。我虽然算是身经百战，但还是觉得让会议按照我们设计的方向推进是项很难的工作。其实今天我们还是有很大收获的，至少了解了对方的情况。下次我们好好设计一下会议的流程，争取顺利推进合作。"

序节　何为会议设计

● **会议无聊的原因**

在日常工作中，会议可谓家常便饭。会议形式多种多样，除了管理层和高层领导参加的管理会议、董事会议、部长会议等正式会议以外，还有日常非正式的碰头会议，以及单向汇报类的报告会、发表会等。如果仔细数数每天开会的次数，你会惊讶地发现会议如此频繁，就连我自己有时也会一天参加四五场会议。至于管理层领导则更忙了，有的领导要么每天都在开会，要么一整天一整天地长时间开会。

尽管参加了如此多的会议，可是倘若问及会议成果如何，恐怕大多参会者都会持否定态度。大多数人不是因为喜欢而参加会议，而是不得不参加会议。他们虽然身处会场，心里却惦记着下一场会议或者其他工作的进展情况。说到这里，为何许多人都不喜欢开会？这是因为大部分会议都很"无聊"。

那么会议为什么会无聊呢？一言以蔽之，是因为会议设计得不好。其实某种程度上会议和派对、集会相似。如果是精心准备的派对，主持人会非常注意派对的流程，安排一些引人发笑的娱乐节目，令众人一直保持兴致盎然。除了在台上演讲以外,还会设计互动时间。不仅如此,会场还设有走动区域,避免众人因长期久坐而感到疲乏。

如果是参加这种精心设计过的派对,想必大家必然能够度过一段快乐的时光。这样一场派对不仅能令大家更加团结和睦,还能增进大家对主办者的好感,其益处真可谓不胜枚举。反之,假如派对设计得非常糟糕,恐怕只会给大家留下很坏的印象。会议在这一方面与派对极为相似。

● 无法设计会议的原因

倘若会议气氛不够热烈,就不会取得太好的成果。即使勉强大家列席无聊的会议,大家也不会因此产生积极协作、共同努力、主动参与等意愿,更不必奢望热火朝天地讨论议题、各种点子层出不穷的情形了。长年为诸多公司提供咨询服务之后,我甚至会产生疑惑:"会议冷场"是否应该被放入各个公司的经营课题的根基部分?毋庸赘言,"会议冷场"是一种非常糟糕的状态。那么,会议为什么会冷场呢?

我个人认为,有以下4种原因导致人们无法设计出气氛热烈的会议。

1. 很多人缺乏"自己正在开会"这个意识。他们没有充分意识到自己正在开会,而是认为大家只是单纯聚集在一起聊天。

2. 没能明确区分议题与论点。一般情况下,每个会议都有自己的议题。可是，议题与论点是两个概念，有了议题不见得就确定了论点。

3. 把"整体方案"和"本次方案"混为一谈。企业方案的规模往往很大，这种大方案不是一次会议就能全讲完的。

4. 没能把握对方的逻辑，因而未能顺着对方的逻辑进行解说。要想获得对方的理解，演讲时应当站在对方的角度，思考对方是否能够明白自己想要传达的内容。这点尤为重要。如果在会议上忽略了对方的心情，一味按照自己的喜好演讲，恐怕对方就不会轻易接受我们的方案。

接下来我将详细解说以上4种原因。

1. 缺乏"自己正在开会"的意识

首先，第一种原因是很多人没有充分意识到自己正在开会。"会议不是随随便便聚在一起聊天"，听到这里，恐怕大多数人都会觉得这是废话。可是，大家在参加会议时是否已经做好了心理准备，"一定要在这次会议上决定某事""一定要在规定的时间内完成某事"呢？其实很多情况下，人们往往分不清自己到底是在开会还是在聊天。

我认为，两个人以上聚在一起商讨就可以称为会议。虽然这个定义听起来有些极端，但是考虑到我们在公司的每分每秒都有报酬，因此没有时间讲废话。工作时间中的所有沟通都应与工作相关，并且应当注重沟通的效率。然而问题在于，几乎所有公司都把会议的定义局限于"为某种特定目的而专程召集众人召开的正式会议"。

有些会议的目的非常明确,比如"新款产品的研发讨论会""新项目的概念讨论会"等正式会议都有着明确的议题,专门召集众人集合,事先也已做好了充分的准备,起承转合都很明确。可是,如果是参加诸如"部门内部成员碰头""相关人士集合一个小时讨论对策"等非正式的小型会议,大家往往缺乏自己正在开会的意识。结果只会导致会议效率极低,大家只是随便聚在一起胡乱表述意见,也没有主持人推进议程总结发言,讲了一堆令人昏昏欲睡的废话后就散会了。想必这种经历大家都曾有过,此类会议其实就是在浪费时间。虽然想发言的人在畅所欲言之后感觉爽快了,可是从管理学的角度来看,这种发言不会产出什么成果。

因此请大家务必意识到,两人以上聚在一起对话就是会议。无论是你和上司单独碰头,还是你和几个同事碰头协商,这些都是"会议"。参加会议时不要毫无主题地随便讲话,而应提前确定会议的目的是要做出决策还是互通信息等,这点相当重要。

2. 区分议题与论点

第二种原因是没能明确区分议题与论点。更确切地说,其实就是没有好好准备自己的论点。议题和议事日程是指会议中所要讨论的"项目"。所有会议都有议题,任何公司任何会议一般都会准备好议题。

比如说,某会议的议题是"关于新产品A的研发情况",该议题很好地描述了会议即将讨论的内容。参会者一看到议题就明白:"原来是关于新产品A的研发情况的会议啊"。此类会议往往相当冗长，整场会议接连不断地介绍了研发时间表、现有技术、达成规格等各种数据，结束时却没有总结出任何结论。参会者不禁有些疑惑："现在我知道了一连串的数据，可是这个会议到底想表达什么？"

问题在于该会议虽然有议题，但是没有论点。参会者不清楚会议的具体论点是什么，即该会议到底要讨论什么，到底要就哪个事项做出决策。举例而言，这是一场确定新产品研发一切顺利的会议，还是一场判定新产品研发出现问题、需要增加人员投入的会议？或者是一场因研发进展缓慢而决定推迟交货期的会议？我们无法从议题上看出具体的论点。倘若不能明确论点，其结果只会是不了解会议的目的，平白浪费时间。因此，我们必须充分认识到"议题"与"论点"的不同，不仅应当提前准备好议题，还应提前提炼出论点，这样才不会导致会议冷场。

3. 区分整体和部分

第三种原因是把"整体方案"和"本次方案"混为一谈。如果是简单的方案，只要稍微讲讲就能让对方理解，然而生意场上的方案往往没有那么简单。

比如在前面的故事中，上贺茂制作所上门与塔里克丝公司交涉，想要与其展开合作。这种公司与公司间的合作方案通常历时数月乃至一年以上，各种资料多达上百页。要提交这个庞大的方案，需要将其划分为若干个小小案，组织多场时长几个小时的小会议。也就是说，"整体方案"是指整体上要表达什么，"本次方案"是指今天这场会议要表达什么，两者不可混为一谈。至于如何把整个大方案合理地划分成若干小方案在各个小会议上提出，则需要会议设计能力。会议设计能力是有别于逻辑思考能力和假说构筑能力的另一项重要能力。

故事中户崎先生与中山先生的方案之所以不被塔里克丝公司的领导们接受，正是因为两人未能准确区分"整体方案"和"本次方案"。从"整体方案"的角度来讲，让塔里克丝公司和上贺茂制作所展开合作、共同向顾客提供新的服务当然是个很好的方案。可是，在双方公司第一次会面时就立刻提出合作，无异于见面第一天就向对方求婚，这正是户崎先生与中山先生失败的原因。商谈的时间极为有限，对方的理解能力也各不相同，在这种情况下提交方案，应当在充分意识到整体方案的基础上，从双方都能接受的地方着眼，认真设计本次会议的内容，每次会议都力图成功提交自己的小方案。由此可见，精准设计各场会议小方案的内容是成功提交大方案的一个重要前提。

4. 顺着对方的逻辑解说

第4种原因是没能把握对方的逻辑，因而未能顺着对方的逻辑进行解说。我在第2章中曾指出，你的发言是否符合逻辑不是由你自己判定的，而是要由对方判定。并且要做到把层次感不同的语言合为同一层次，就必须让说话者和听话者的立场角度变为一致。

假设你是技术部的工作人员，要在董事会议上说明新产品的概念，出席董事会议的董事们想必就不是很了解技术方面的情况。同样，假设你是销售部的工作人员，可以预想到参会者也不一定像你那样了解市场和顾客。也就是说，有些逻辑在你眼中理所当然、不必多言，可是在其他参会者眼中却相当跳跃、难以理解。

如果大家都是技术人员，你告诉对方："因为技术A已经成功研发出来，所以本产品能够进行实际应用"，对方基本上可以理解你的意思。可是假如对方是不懂技术的董事会成员，他们很难理解为何技术A的成功开发与产品的实际应用息息相关。同理，如果大家都是销售人员，你告诉对方："因为Z公司最近涉足本行业，所以成本竞争将会愈发激烈"，对方能够听懂你的意思。可是假如对方是不了解市场环境的董事会成员，他们恐怕就不会明白Z公司的加入为何会导致竞争愈发激烈。换言之，就算我们表达的是同样的内容，也应根据对方的理解水平进行不同程度的解说。

另外，我们自己的视角也有可能存在缺陷。向管理层提交方案时应当从企业管理的角度思考问题。"这个技术很先进，所以把它做成产品吧""他们是我们的重要客户，因此我们应该和他们交易"，倘若基于此类狭隘视角提交方案，恐怕对方不会轻易接受。

方案存在的前提是有人听取方案。因此，我们的逻辑不但要让自己能够理解，还要让对方能够理解，这正是避免会议因不被理解而冷场的有效手段。故事中如果提前了解到塔里克丝公司的参会者全是部长以上级别的领导,想必户崎先生和中山先生会提前改变沟通方式。由此可见,提前确认好参会者是哪些人尤为重要。

● 设计会议时需注意两个要素

既然如此,设计会议时应当注意哪些要素呢?那就是会议的着陆点和着陆形式。上文中我介绍了导致人们无法设计出气氛热烈的会议的4种原因。针对前三种原因,我们应当注意会议的着陆点,把握整体方案流程的同时确定好本次方案的进展程度。

故事中,塔里克丝公司的关注重点在于合作会为双方带来怎样的好处,他们关注的是整体的合作构想。然而中山先生却在提交的方案中假定双方已经展开合作,就具体业务内容进行解释说明。如此一来,双方对话必然会出现"鸡同鸭讲"的局面。也就是说,塔里克丝公司想了解合作对于公司管理的意义,上贺茂制作所却把会议的着陆点定为落实合作的具体日程,因此导致双方沟通不畅。

这种情况下,假如中山先生注意到了塔里克丝公司的关注重点,一开始就指出会议的着陆点——"今天的议题是提出合作,首先我想介绍一下合作会为贵公司带来怎样的好处……",想必至少能引发参会者的积极讨论,促进双方之间的交流。

针对第4种原因,我们应当注意会议的着陆形式。也就是说,提前确认参会者的级别、特征、人数等,根据这些信息设计好会议的形式。该会议是要大家坦率地交换意见?还是就既定决策进行相关汇报?是进行巨细无遗的说明？还是把要点告知大家？是要求大家当场做出决断？还是让大家回去后仔细研究？如此种种，"会议形式"千差万别。换言之，会议设计应当具体问题具体分析。举例而言，假如对方理解能力超群，冗长的解说只会令对方感到烦躁，应该简短精要地解说要点。与之相反，假如对方自我主张极为强烈，仅靠直截了当的演讲是无法获得对方的共鸣的，因此应选择与对方展开深入的讨论。简而言之，即使我们所要表达的是同一个内容，也应根据对方的情况采取不同的解说形式。如果采取了错误的会议形式，那么我们辛辛苦苦做出的方案恐怕不会得到对方的理解。由此可见，着陆点和着陆形式是促使会议成功的两个重要因素。

本书不仅关注逻辑思考和假说验证等"合理思考"的能力，还很重视"妥当表达"的能力。为了实现妥当表达，我们应当认真设计好每一场会议。咨询公司把"无论是哪种目的、哪种情况、哪种场合都能设计好会议"作为评判职员能否独当一面的标准。由此可见，会议设计是一门深奥复杂的学问。

此外，为了达成会议的目的，还应制作出良好的企业方案。企业方案的准备同样是个难题，会议设计不同，资料结构也会不同。内部会议也好，对外说明会也罢，既然是提交方案，就应根据场合的不同提交相应的企划方案。会议的着陆点深刻影响着方案的故事结构与内容，而会议的着陆形式则极大影响着方案逻辑结构和语言表述。

在下面的章节中我将具体介绍精准设计会议的方法。

● 要点

何为会议设计

1. 会议之所以无聊，是因为没能"设计"好会议。

2. 如下4种原因导致人们无法设计出气氛热烈的会议。

（1）缺乏"自己正在开会"的意识。

（2）虽然准备了会议的"议题"，却没有准备会议的"论点"。

（3）把"整体方案"和"本次方案"混为一谈。

（4）未能顺着对方的逻辑解说。

3. 设计会议时应注意两个要素，即"着陆点"和"着陆形式"。

4. 会议设计极大影响了方案的结构。

第1节　确定着陆点

● "定位"与"输入/输出管理"

要想让会议同时满足大家的需求，具体应该怎么做呢？整体方案必须符合逻辑，这是大前提。与此同时，把大方案划分为若干小方案，精心设计各个会议的达成目标也同样重要。选择着陆点时，我们应当在弄清楚会议"定位"的基础上开展"输入/输出管理"，这点相当重要。

搞清会议的"定位"之所以如此重要，是为了避免参会者认识水平不同而产生混乱。会议的定位不同，对参会者的行为模式也会产生不同的要求。比方说，会议的定位是"就现有问题展开讨论"，那么这场会议要求大家详细阐述各自部门所面临的问题。而假如会议的定位是"扩大产品形象的认知度"，那就要求大家发挥想象力畅想未来的前景。同理，如果会议的定位是"批准事先讨论的事项"，那就不宜在会场上讨论细节。如果会议的定位是"请大家畅所欲言"，那就欢迎大家想到什么说什么。总而言之，大方案在被划分为若干小方案时，参会者都应认识到本次会议属于大方案的哪个环节，明确会议的定位。

了解会议的定位，我们就能明确会前应把什么内容通知给参会者，会后应产出怎样的成果，用电脑术语来讲，就是"输入"与"输出"。

之所以强调明确"输入/输出"的重要性，原因在于这样能够改变讨论的效率。毕竟众人是要集合到一起开会，倘若未能提前进行"输入"，告知大家即将讨论的事项以及相关信息等，会议就很有可能变成毫无意义的讨论。而如果未能明确告知大家会议所需要的"输出"，大家不清楚会议最终是要取得怎样的结果，其结果也只会是平白浪费时间，迟迟无法得出答案。

总而言之，首先我们应当明确会议的定位，做好"输入/输出管理"，提前告知参会者相关事项及信息，并让参会者了解到会后需要产出的成果。这就是让会议同时满足大家需求的诀窍。

● **三种视角决定定位**

在此我将具体解释会议的"定位"。定位是指本次会议在整个大方案中应当处于何种位置、讨论到何种程度。可是真要问及"何种程度"，恐怕大家很难解释清楚。我认为应从三种视角讨论整个流程（图4-1）。

图4-1　掌握提案流程的三种视角

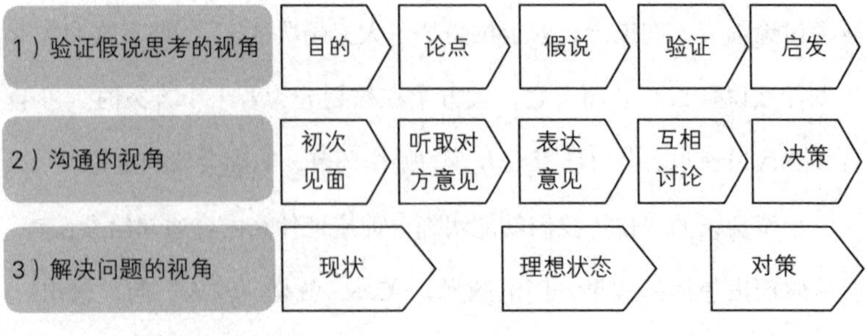

1）验证假说思考的视角	目的	论点	假说	验证	启发
2）沟通的视角	初次见面	听取对方意见	表达意见	互相讨论	决策
3）解决问题的视角	现状		理想状态		对策

首先，第一个视角是验证假说的视角。具体是指第3章提及的"目的、论点、假说、验证、启发"这5项。提交方案时首先应当从方案的目的讲起；然后明确讨论的要点，即论点；接着针对论点提出自己的假说；验证假说；最后总结提炼出获得的启发。

第二个视角是沟通的视角。首先要见上一面，从加深相互的信赖关系开始；然后听取对方的意见；接着表达己方的意见；如果双方存在差异，那就围绕差异展开讨论；最后双方的意见达成一致，定下决策。

第三个视角是解决问题的视角。虽然不是所有的方案都为了解决问题，但大多数方案都是在指出某些问题以后提出相应对策。虽然本书不会就解决问题的方法进行详细说明，但基本思路如下：首先把握现状；然后双方达成共识，确定何为理想的状态；最后消除分歧，找出合理的对策（图4-2）。

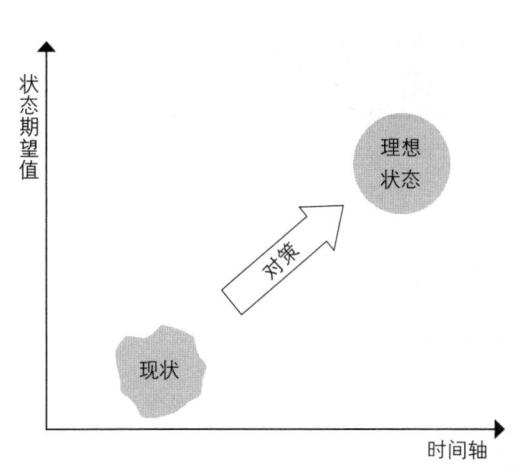

图4-2　解决问题的基本思路

图4-3用立方体的形式综合展现了以上三种视角。因为是从零出发提交方案，所以立方体的左下角表示"项目初始会议"，一切都是从最初的这场会议开始。立方体的右上角则表示提案的最终成型，走到这个阶段就意味着已经获得启发、找到对策、下定决心。如果是公司内部的会议，"初次见面"这个环节往往早已发生、不被重视，但销售、咨询、面试等场景一定是从"初次见面"开始的。

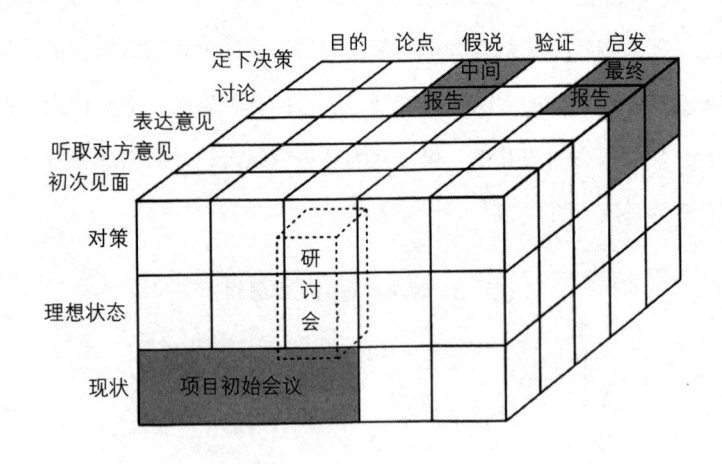

图4-3 本次会议的定位在哪？

接下来让我们具体看一下提交提案时会经历的四场具有代表性会议。

1. 项目初始会议

2. 研讨会

3. 中间报告

4. 最终报告

第一，项目初始会议是指启动某项目或开始与顾客交涉时召开的第一场会议，第一场会议主要是为了让大家互相认识，就现状、目的等方面进行对话。因此，双方首先应在项目初始会议上增进感情、构筑信赖关系；然后互通有无，了解双方的现状；最后相互磋商，将双方的目的协调一致。

第二，研讨会是指就论点和假说展开讨论的会议。有时双方会讨论现状中存在的问题以及理想的状态等。会上我们要做的是，互通信息、征求意见、总结意见、进一步明确论点和假说。

第三，中间报告会进行到讨论假说的阶段，就需要我们做出决断。本场会议中，我们获知了关于现状及理想状态等的验证结果及相应启发，要在此基础上讨论"是否应该采用这个方向的对策"，并在会上要求做出决断。

第四，最终报告会进行到讨论启发的阶段，需要我们做出决断。与中间报告相比，最终报告提出的对策更为细致全面。作为最后一场会议，我们必须做出决断，确定是否真要付诸行动。

尽管上述四种会议都是会议，但是因为定位不同，各类会议的讨论内容及决定事项也会不同。关于这点请大家务必注意。

● 避免拖拉式的讨论

如果我们没能把握方案的整体，无视会议的具体定位，即使拖拖拉拉地展开漫长的讨论，也不会总结出什么有意义的内容。我发现很多会议之所以会产生纠纷,不是因为内容不够齐全,而是因为定位不够明确。这点在商务活动中尤其令人感到遗憾,想必大家也曾有过相似的经历。让我们看一下这样的场景。某公司为解决某个问题成立了一个项目,现在召集项目成员集中开会讨论。

"其实我们公司在这些方面有很大问题……"一位成员具体列举了过去的若干案例,指出公司这点不好、那点不好。于是众人都热火朝天地讨论起公司的现状。

这时,另一位成员指出:"话虽如此,公司本来就该是这个样子。"此言一出,众人开始讨论起公司的理想状态。

过了一会儿又有人说:"我们是不是跑题了,这个项目好像不涉及这些方面。"于是众人又讨论起项目的目的。

突然有人发言:"可是如果我们采取这个方案,公司肯定能往好的方向发展。"众人的讨论方向就跟着转到了解决措施上。

又过了一会儿,有人指出:"然而就算采用了这个方案,效果不见得一定会好吧?咱们公司之前用过类似的方案,效果似乎不怎么好。"

众人讨论了一会儿后又一次转移了话题。

"不对,咱们公司的理想状态应就是这样的。"

"部长是怎么想的呢?请告诉我们。"众人开始征求部长的意见。

"虽然部长那样讲,可我觉得现状更为严峻。"又是一阵议论纷纷。

"没有关于现状的数据就没法进行讨论,首先应该调查一下相关信息。"

"我觉得可以延缓调查,先试着实施一下刚才的方案。"

"不用那么快实施吧,毕竟连目的都还没有明确。"

"既然部长不了解目的,我们去问问董事会的意见吧。"

最后有人说道:"今天先讨论到这里吧。"如此这般,众人辛苦讨论了半天却没有得出任何结论。

参照图4-3,想必大家能够一眼看出该场景都讨论了方案的哪些部分。在没有认真思考会议定位的情况下拖拖拉拉地展开讨论,其结果只会是什么都决定不了。而如果明确了会议的讨论项目以及所需结论,讨论就不会变得漫无边际、不得要领。

● 搞错定位会被要求打回重做

搞错会议定位有时会造成严重的后果,我们的方案非但无法继续推进,反而会被要求重做。好不容易讨论到决策阶段,突然对方指出:"没听说过那件事""没打算这样做",决策事项就此全盘覆灭。究其原因,是我们搞错了会议的定位。

最常见的错误是把"假说"和"启发"混为一谈。打个比方,某职员构建了这样一个假说:"要想在该项目取得成功,需要大力开发产品A。"以该假说为基础,大家进行了长达半年到一年的讨论,不知不觉中,讨论的事项演变为"既然要大力开发产品A,具体应开发哪些新功能呢?"眼看就要投入巨额资金开发产品A了,管理层忽然旧事重提:"等等,我们为什么一定要开发产品A呢?"

之所以会出现这样的情况，是因为我们在缺乏事实根据的情况下就围绕假说展开了讨论，随着时间的推移，我们误把假说当成了启发，等到最后关头即将付诸实践之时，却忽然发现这只是假说，于是一切又得推倒重来。

第二常见的错误是把"理想状态"和"对策"混为一谈。比如说，"要提高公司管理的效率，应当完善公司的基础信息系统"，这就是所谓的"理想状态"。至于是否采取"对策"加大基础信息系统的投资则另当别论。"理想状态"与"现状"之间存在着一条鸿沟，"对策"就是用来填平这条鸿沟的。如果目前的信息设施已经远远优于其他公司，那就没有必要继续加大信息系统的投资。

还有一种不常见的错误，就是"轻易做出决策"。仅仅听取了参会者的意见，就把意见当作决策项目，明明还没进行深入的研究讨论，就轻易定下了决策。恐怕就连演讲者都没想到仅仅讨论一会儿就定下了决策。可想而知，这种情况下做出的决策往往会被要求重做。

除此以外，搞错会议定位的情形还有很多。为了避免因搞错定位而被要求重做，我们应提前弄清方案的整体进度以及本次会议的预定内容。

● **管理好会议的"输入"与"输出"**

明确了会议的定位之后，让我们探讨一下会议的"输入/输出管理"。"输入/输出管理"是一项重要的技能，它能避免我们在会议中白白浪费时间。那么缺少"输入/输出管理"又会带来怎样的后果呢？有时，我们觉得会议未能提前准备好必要的信息，在缺乏应有信息的情况下，就算我们想要展开讨论，也会觉得无话可说。有时，我们则觉得就算展开讨论也没有解决对策，讨论没有结果的话题不会有任何进度，没有决定权的职员就算再怎么讨论也无法做出最终的决定。可以说这些会议存在同样一个问题，那就是未能管理好会议的"输入"与"输出"。

按理说，当我们明确会议的定位后，应该就能看清会议的"输入"与"输出"了。举例而言，两公司就销售问题展开谈判，会议的定位是"双方初次见面，在了解两公司现状的基础上探讨合作的可能性"。这种情况下我们需要"输入"的信息是公司简介、参会者名单及履历、产品介绍等。在这一阶段，不提供己方的公司简介就无法与对方顺利展开谈话。而刚见面就拿着对方的相关资料向对方详细介绍具体事项，恐怕也不会使谈判顺利进行。

那么，符合该会议定位的"输出"又是什么呢？该阶段需要的"输出"是"构筑信赖关系""互相有所触动"。因此，这个阶段不宜冒昧要求对方立刻决定是否签约。当然，如果只是在会议上随便闲聊，那么同样毫无意义。

或许大家会觉得我是在讲废话。那么请大家回忆一下曾经参加过的会议，即两个人以上聚在一起对话的情形。那些会议的设计是否非常清楚地意识到了"输入"和"输出"？当你作为应届毕业生面试工作的时候,当你还是年轻职员向上司咨询工作的时候,当骨干员工与其他公司展开谈判的时候,你是否仔细设想过要输入怎样的信息、获得怎样的输出?这点请大家千万要注意。

● "输入/输出管理"的诀窍

一旦我们明确了会议的定位,就可以很容易地定义"输入/输出"。在此介绍"输入/输出管理"的三个诀窍。

1. 输入——新鲜感

会议的输入必须保证"新鲜感"。我在做战略咨询师时,前辈总问我有没有什么新东西(Something New)提供给参会者。一般而言,提交方案不是一场会议就能完成的,往往需要召开两三场会议。如果不能每场会议都输入新的东西,为参会者带来新的触动和发现,参会者很快就会感到厌烦。听起来似乎很容易就能做到,然而实施起来却非常困难。

没有人会傻到每场会议都用完全相同的资料、重复完全相同的话,多数人都会相应改变自己的表述方式。但是,重点不是表述方式有没有变化,而是能否为参会者带来新的触动和发现。如果仅仅改变了表述的方式,那么在对方看来这只是换汤不换药,没有什么新的价值。另外,假如对方已经了解了某个信息,即使这个信息对说话者来说是个新发现,对对方而言仍然毫无价值。因此,每场会议我们都应认真准备,为对方提供新东西,吸引对方的视线,否则会议无法满足对方的需求，对方会认为"今天的会议只是在重复过去的内容，非常无聊"。

2. 输入——前进感

除了"新鲜感"以外，"前进感"同样很重要。反复开会却无法让对方感受到工作在推进，这种情况必然令对方大失所望。对方可能会责难道："这回和上回有什么不同？""明明没有任何进展，叫我过来做什么！"因此我们应当采取简单易懂的形式，让对方了解到"上次会议结束后我们又做了哪些工作""听取了上次会议的讨论后我们又进行了怎样的修改"。这点相当重要。

3. 输出——不要急躁

第三点是不要急功近利，强行加快会议的进度。倘若讨论得不够透彻，即使强行推进方案实施的进度，也很有可能被要求重做。比如说，在一场时长两个小时的会议上，如果想要一口气完成介绍信息、讨论、制定决策等所有环节，其结果只会造成对方消化不良。由于提交方案的一方非常了解方案的内容，且出于强烈需求才选择提交方案，所以倾向于尽快完成整个流程。可是大多情况下，听取方案的一方不见得能那么快消化方案的内容。因此，不要急躁，请按部就班地向对方提交方案。

● 要点

确定着陆点

1. 搞清会议的"定位"与"输入/输出",有利于顺利找到会议的着陆点。

2. 三种视角决定了会议的定位。

(1)验证假说的视角。

(2)沟通的视角。

(3)解决问题的视角。

3. 如果我们无视会议的具体定位,即使拖拖拉拉地展开漫长的讨论,也不会总结出什么有效的内容。

4. 搞错会议定位有时会造成严重的后果,我们的方案非但无法继续推进,反而会被要求重做。

5. 充分意识到会议"输入/输出管理"的重要性。

6. 会议的"输入/输出管理"应注意如下三点。

(1)是否输入了"新鲜感"?

(2)是否输入了"前进感"?

(3)输出是否过于急躁?

第2节　决定着陆形式

● **着陆形式因人而异**

所谓着陆形式，是指"把会议设计成怎样的风格（形式）"，也就是说，"为会议添加怎样的元素"。第2～3章主要讨论了如何正确表达整个大方案的内容，本章第1节则瞄准方案的一小部分，确定"本次方案"的定位及输入/输出。

上述这些内容基本集齐了方案所需的必要条件。接下来将介绍有利于提高"本次方案"完成度的"风格设计"。如果我们能为方案设计出合适的风格，就能有效增加方案的通过率。那么，应如何设计提案的风格呢？一言以蔽之，要迎合对方的风格。即使是内容相同的方案，顺着对方的理解方式及思考模式设计出来的方案必然更加容易获得对方的理解。

尽管如此，风格设计也是一种很有难度的技巧。倘若提交方案的对象和你在同一家公司，有着长期共事经验的你肯定非常了解对方的性格及思考模式，因此很清楚应当采取何种形式去说服对方。然而对于销售人员和咨询人员而言，他们的工作性质决定了他们提交方案的对象常常是完全不熟悉的人,这就意味着他们很难做到短时间内把握对方的思路。人与人的思考方式各有不同,所以我们不可能简单地把所有人的风格一概而论。那么,怎样才能做到理解"对方的风格"、迎合对方的思路?

● 理解对方风格的三个诀窍

1. 是"阅读者"还是"倾听者"

第一个诀窍是判断对方是"阅读者"还是"倾听者"。这个诀窍是咨询公司的上司教给我的,他告诉我,不论是人还是公司,都存在"阅读者"和"倾听者"。

有的人不怎么听对方的讲话,而是喜欢按照自己的喜好去阅读会议资料中自己感兴趣的部分,这种人就是"阅读者"。有的人不怎么在会议上发言提问,喜欢把资料带回去仔细阅读,事后再告知对方自己的意见,这种人也是"阅读者"。与此相反,"倾听者"则对分发下来的资料不怎么感兴趣,他们更喜欢一个劲地听对方讲话。

那么我们应该制作出"便于阅读的方案",还是"便于倾听的方案"呢?具体应当参考会场大小、参会者的人数以及会议时长等因素。假如时间不够充足,就只能让参会者把资料带走,事后再进行讨论,这种情况下我们只能把方案做成便于阅读的形式。假如会场面积很大,只打算用大屏幕进行解说,这种情况下就必须把方案做成便于倾听的形式。

制作"便于阅读的方案"时，为了让对方阅读后可以慢慢做出判断，我们应当尽可能详细地把想说的内容全都写在纸上。制作"便于倾听的方案"时就不必写得过于细致了，只需把要点列好，制作些简单易懂的图表，其他内容口述即可。请注意，如果把内容相同、风格不同的两份方案给同一个人看，其中一份与对方风格一致，另一份与对方风格不同，那么对方的反应必然会有所差异。

假如我们把"便于倾听的方案"提交给"阅读者"，对方的理解速度与我们的说明速度无法保持一致，就会感到焦躁，听了后面又忘了前面，难以完全理解方案的内容。反之，假如我们把"便于阅读的方案"提交给"倾听者"，因为画面和资料上已经讲得非常清楚了，所以我们会长话短说，省略一部分内容，如此一来"倾听者"就会觉得逻辑太过跳跃，同样难以完全理解方案的内容。

我们的上司、下属、身边的人们到底属于哪种类型？在说明同样的内容时应把方案做成便于阅读的形式，还是便于倾听的形式？请注意，对方的风格、提案的风格等都会影响到对方的理解程度。

2. 是"纵观全局派"还是"连锁把握派"

第二个诀窍是判断对方是"纵观全局派"还是"连锁把握派"（图4-4）。也就是说，我们需要确定对方到底更加重视横向逻辑，还是纵向逻辑。

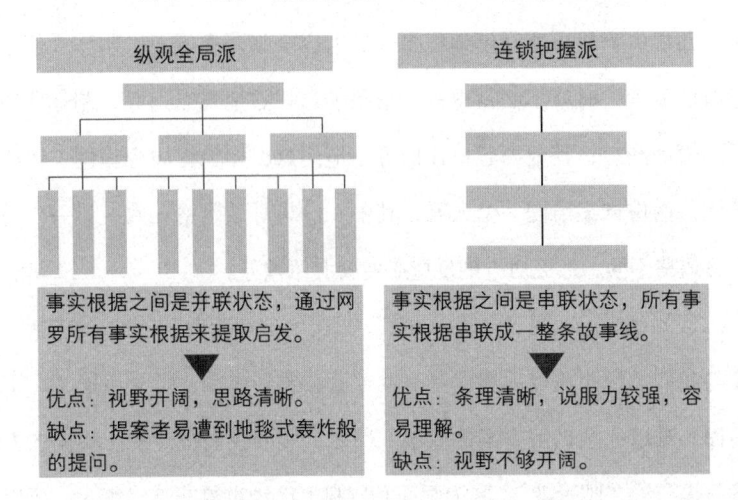

图4-4　是"纵观全局派"还是"连锁把握派"

纵观全局派	连锁把握派
事实根据之间是并联状态，通过网罗所有事实根据来提取启发。	事实根据之间是串联状态，所有事实根据串联成一整条故事线。
优点：视野开阔，思路清晰。 缺点：提案者易遭到地毯式轰炸般的提问。	优点：条理清晰，说服力较强，容易理解。 缺点：视野不够开阔。

纵观全局派其实就是重视横向逻辑派，他们喜欢质疑"仅仅如此吗？"他们看待事物时总是采取开阔的视野，因此不会轻易认可你的方案，而会在听取方案时指出："我明白你的意思，可我觉得你看待问题不够全面。"

与之相反，连锁把握派其实就是重视纵向逻辑派，他们喜欢质疑"真是这样的吗？"他们对事物的看法深入且固执，一条直线地朝着自己相信的结论去展开纵向逻辑。因此，假如你的提案不符合他们脑海中的逻辑，他们就会质疑其中的真伪。

纵观全局派与连锁把握派只是风格不同，不存在哪个好、哪个不好。提交方案时，我们需要确认对方到底是哪个类型。即使方案的内容相同，在对纵观全局派提交方案时，我们应当仔细解说"整体"的情况，例如工作的整体情况、课题的整体情况、对策的整体进展等。

详细解说纵向逻辑不会引发纵观全局派的共鸣。而且逻辑上略微跳跃些也不会有什么影响，重点是应从全局出发，把握事物的整体，然后分别讲述各个部分的内容。另一方面，在向连锁把握派提交方案时，即使我们从宏观的角度罗列了一大堆内容，往往也不会得到对方的认可。这时我们应当条理清晰地解说对方感兴趣的逻辑，这点尤为重要。

通常来讲，越是身居高位，就越是倾向于从宏观的角度俯瞰整个业务，也就是说，大多数管理层的领导属于纵观全局派。而越是深入基层的人，就越是了解某职务的具体情形，这类人大多属于连锁把握派。

3. 是"自上而下派"还是"自下而上派"

第三个诀窍是判断对方是"自上而下派"还是"自下而上派"（图4-5）。

图4-5 是"自上而下派"还是"自下而上派"

自上而下派	自下而上派
提交方案者应从结论开始讲起，然后说明事实根据（理由）。	提交方案者应循序渐进地介绍背景知识等方面的详细情况，最后指出结论。
优点：可以向对方直截了当地介绍结论。	优点：可以使对方循序渐进地理解内容。
缺点：这种讲话方式会有唐突之感。	缺点：这种讲话方式太过迂回。

自上而下派普遍倾向于从结论开始思考，先听取对方的意见，也就是结论，然后听对方介绍其中的原因。

自下而上派则习惯于在听取结论之前大量接收信息，他们在了解了背景知识等方面的详细情况之后才要求对方告知结论。

两者只是风格不同，没有孰优孰劣之说。可是在制作商务文本、解说内容的时候，我们必须分清对方到底属于哪种风格，然后根据对方的风格选择相应的方式。如果向自上而下派的人啰啰嗦嗦地介绍过去的背景、详情以及分析结果等，对方可能会感到不耐烦，插嘴道："那你到底想表达什么？"相反，如果一开始就向自下而上派告知我们的结论，对方恐怕会有抵触情绪："怎么这么唐突？现阶段不是还不知道结论吗？"

虽然人和人各有不同，不过还是能够大致推测他们的特性。比如说，身处管理层的领导往往非常繁忙，没有时间慢慢听我们的说明，因此他们大多要求我们先讲结论。而像咨询公司这样的外资企业也多倾向于自上而下地思考问题。此外，如果对方也很了解具体情况，他们会更喜欢先讲结论，因为这样能节省大量的时间。如果对方不是很了解具体情况，那么为了帮助对方加深理解，我们应该仔细介绍背景等情况。

● 要点

决定着陆形式

1. 迎合对方的风格,顺着对方的理解方式及思考模式设计出来的方案更容易获得对方的理解。

2. 把握对方风格的三种视角。

(1)是"阅读者"还是"倾听者"?

(2)是"全局纵观派"还是"连锁把握派"?

(3)是"自上而下派"还是"自下而上派"?

第5章

制作商务文本的能力

制作书面资料的步骤

STORY-5　未能通过的方案

自从上次会议遭到塔里克丝公司的猛烈质疑后，转眼已经过了两个月。这天，Precena咨询公司的平泉总监和户崎先生，以及上贺茂制作所的渡边副部长和中山先生再次来到了塔里克丝公司。会议安排在公司大楼最上层的董事会会议室，四人走进会议室时，塔里克丝公司的参会者们已经全部到齐。

因为吸取了上次的教训，中山先生在新的企划方案中添加了背景情况、己方公司的动向等信息，并在企划方案中明确指出了双方合作会为塔里克丝公司带来哪些利益。上次会议因为不了解对方态度，所以没能取得好的效果。这回则不同，中山先生已经了解了对方的公司氛围，他相信这次自己一定能够取得成功。提案内容大致如下：

1. 上贺茂制作所为何想要开展解决方案业务？
2. 上贺茂制作所对于合作有着多大的诚意？
3. 硬件解决方案的理念是什么？
4. 该理念有何新颖之处？
5. 具体是怎样的项目？
6. 以哪个行业为对象开展项目？
7. 应选择哪类企业为合作对象？
8. 如何使双方利益最大化？

9. 合作蓝图。

10. 下次会议之前的日程安排。

提案书长达50多页。中山先生一边放着幻灯片，一边进行讲解，总共耗费了大约一个半小时。最后，中山先生信心十足地说了结束语："请问大家有什么意见或疑问？如果没有意见或疑问，我们接下来就进入关于具体内容的讨论环节。"

毕竟是千辛万苦制作的企划方案，中山先生很有信心，觉得不可能有人挑得出毛病。他看了旁边的户崎先生一眼，户崎先生同样表现得气定神闲。然而当中山先生结束说明之后，会场却陷入了一片沉寂，谁也不肯开口讲话，和上次的情形一模一样。大家都在默默翻阅着资料，寂静的会议室里只听见纸张翻动的声音。原本颇为自信的两人渐渐变得焦躁起来。怎么回事？为什么谁都不肯发言？许久之后，塔里克丝公司的经营企划部部长桥本先生率先打破了平静。

"硬件解决方案到底在哪些方面比较新颖？"

中山先生愣住了。关于硬件解决方案的新颖之处，他刚才明明已经做过了解说。桥本部长是想让他重复一遍刚才的内容吗？还是希望他更加详细地进行阐述？来不及细想，中山先生赶快把幻灯片翻回到相关页面，开始了作答。

"过去的信息系统基本上都把关注的焦点集中于后台系统的效率化。也就是说，他们在与顾客没有直接接触的业务领域下功夫，力图降低运营成本。可是我们的方案则致力于增加前台系统的附加值,即努力提高接待服务顾客的水准,增加销售额。这点正是以往信息系统不曾有过的思路。不知您是否满意我的回答?"

"嗯,我明白了。"桥本部长的反应有些冷淡。

这回轮到新业务开发室的田中室长举手提问了。"具体是怎样提高卖场的附加值呢?"

中山先生再次哑然。这个问题他刚刚也曾介绍过。

他调整了一下情绪,开口道:"嗯……顾客在决定购买商品之前需要经历若干阶段。首先要注意到商品的存在,然后对其产生兴趣,继而想要拥有,最后实际购买。硬件解决方案正是着眼于促使顾客对商品产生兴趣、激发顾客产生想要拥有商品的欲望,从而达到刺激顾客购买欲望。这样一来就营造出了'人气卖场'。这就是我们刚才提出的提高卖场附加值。"

问答环节又持续了将近30分钟,然而会议的气氛却与上次明显不同。上次开会时大家都在看大屏幕,这次却都在默默看资料。看到这样的情景,户崎先生突然意识到一个重要的问题——虽然介绍了一个半小时的方案内容,但是大家都没消化明白其中的内容。

户崎先生立刻把自己的发现悄悄告诉给中山先生,中山先生也持相同看法。于是等到提问环节告一段落,户崎先生又补充了几句说明。

"今天我方带来了一份非常详细的方案。因为信息量很大,所以恳请大家会后再细细阅读并讨论。我方将于近期再次登门拜访。"

一直沉默不语的坂本副社长终于发话了:"是啊,说实在的,今天的企划方案信息量确实很大,感觉没能完全吃透其中的内容。虽然大致了解了提案的框架,可是听到最后就忘了前面的内容……下次会议我公司的社长也将出席,所以能不能请你们下次把方案内容简要总结一下。"

坐在新干线的末班车上,渡边副部长转头对身旁两人讲道:"这次没和对方沟通好。明明打算好好解说的,可是信息量太大,反而没把想说的内容充分传达出来。"

中山先生苦笑着回答:"确实,对方同样的问题问了好几遍。下次会议之前得重做一遍企划方案。话说回来,要把企划方案做得简单易懂真的很难。要是能像户崎先生那样擅长总结归纳就好了……"

户崎先生微笑着摇摇头:"哪里哪里,我自己也有很多不足。我们公司总是要求职员做出一目了然、不被误解的企划方案。我是非常明白这其中的难度,确实太难了……现在也只能赶在下次会议之前全力修改好企划方案了。"

序节　何为制作商务文本的能力

● **制作商务文本的五个步骤**

第2章我们学习了如何应用纵向逻辑和横向逻辑正确思考问题；第3章学习了如何使用验证假说能力回答对方的疑问；第4章则学习了如何具体设计出效果良好的会议。会议上所使用的"商务文本"是我们的重要"武器"，本章将重点讨论商务文本的制作技巧。

如本书开头所言，在提交方案时，把自己想表达的东西总结成书面形式是一个非常重要的过程。提交方案并非只是针对提交方案时在场的人所做的行动。一般而言，由于商务文本会被大家长期阅读，因此除非有意不留证据，否则就需要认真总结出易于理解的商务文本，达到充分表述意见、不被他人误解的效果。整理不出书面资料，往往是因为思路不够清晰。想必不少读者都曾有过这样的经历，有的时候，明明我们脑子里有很多想法，也听得懂对方的表述，可是当我们需要把那些内容总结成书面形式时，却发现相当困难。当我们终于制作出书面资料时，才真正明白自己的思路是否清晰。不善演讲的人大多不是因为不善表达，而是因为没能理清提案的要点。

将方案做成书面形式不是为了制作备忘录。商务文本是我们准确传达思想、有效说服对方的重要工具,甚至可以说是我们的"武器"。

既然创作商务文本如此重要,那么我将在下文中具体介绍制作商务文本的过程,该过程大致分为5个步骤。

1. 制作文字信息

制作文字信息是指在制作商务文本时,把最想传达给对方的内容凝缩成几句话。如果这几句话的表述比较含糊,即使内容很好,也无法有效地传达给对方。

2. 制作图表

制作图表是指把步骤1的文字信息转化成图表,广义而言,这里的图表包括统计图、图形、插图、照片等。如果只靠文字无法完美传达其中的含义,为了帮助对方正确理解,就需要制作图表。

3. 制作幻灯片

制作幻灯片是指把多张图表组合整理到一张纸上,用来表达自己的意见。纸张大小以A4为宜。

4. 制作资料包

制作资料包是指把多张幻灯片组合到一起,构成一个完整的"故事"。例如,"公司概要""竞品分析"等都属于资料包。

5. 资料群

制作资料群是指把各种资料包组合起来,提供会议所需要的一系列资料群。进行到"制作资料群"这个步骤时,就意味着商务文本正在走向制作完成阶段。比如说,某场会议的议题是决定项目的发展方向,这场会议预定开展半天时间,其中,"市场环境分析"的资料包需要解说两个小时,"公司技术分析"的资料包需要解说一个小时,"讨论用论点清单"的资料包需要解说两个小时。这些资料包的解说组合成了一整场会议(图5-1)。

图5-1　资料制作的过程

1)制作文字信息

把最想传达给对方的内容凝缩成"总结性语句"。

2)制作图表

把想要表达的内容做成统计图、图形、插图等,让人看起来一目了然。

3)制作幻灯片

把文字信息和图片组合到一张A4大小的纸上。展现出最想传达的信息。

4)制作资料包

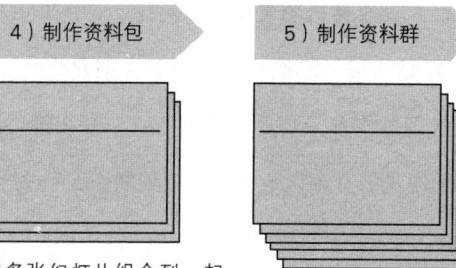

把多张幻灯片组合到一起,构成一个完整的"故事"。

5)制作资料群

把各种资料包组合起来,为会议目的提供所需要的一系列资料群。

● **用模板制作商务文本**

大家对于"模板"这个词汇或许比较陌生。上文介绍了制作商务文本的5个步骤,"制作想传达给对方的内容文字信息","把文字信息转化为图表","把多个图表整合成幻灯片"……乍一看去,制作商务文本就好像生产线中组装零件一般。所谓的"模板",就是指这种制作商务文本的方法。

此处的"模板"是一个比较抽象的概念,包括"制作图片""制作幻灯片""制作资料包"等所有步骤。另一方面,我把没有使用模板的资料制作法称为"定制式","定制式资料制作法"是指在白纸上从零开始设计商务文本中的内容。两者相比,我个人建议大家多采取"模板式资料制作法",原因有二。

第一,使用模板制作商务文本的效率明显比定制式的要高。比如说,假如公司里就能找到现成的"市场环境分析"的电子文档资料包,那就可以轻松将其放入自己制作的"市场环境分析"资料里。如果能找到现成的"销售额变化图",那就直接把图表复制到策划方案中即可。

当然,不是所有我们需要的资料都能在公司找到。但是请注意,他人应某项需求制作而成的商务文本只要不是太过特殊,往往都可以应用到其他商务文本中。倘若我们有意识地使用模板来制作商务文本,以后就可以根据需要更换模板中的某个部分,或是把模板中的某个部分应用到其他商务文本上。这样一来必然能够提高制作商务文本的效率(图5-2)。

图5-2 使用模板制作商务文本的优点

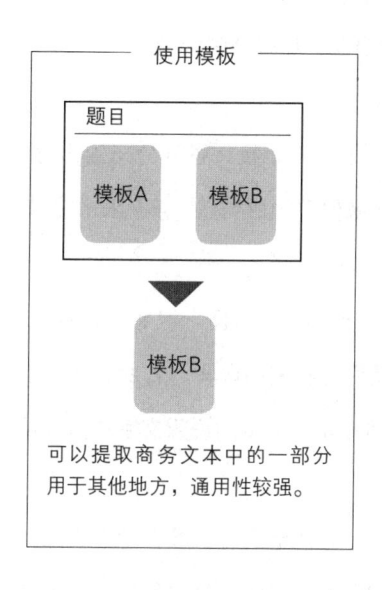

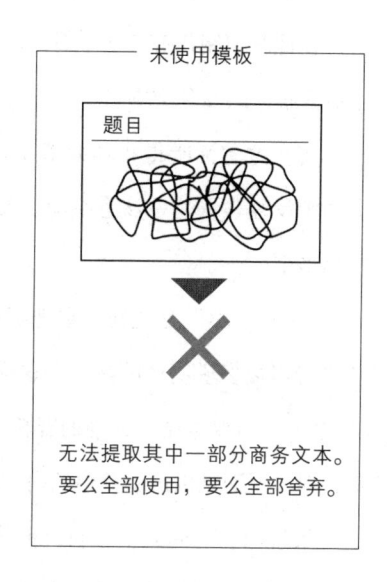

使用模板	未使用模板
题目 模板A 模板B ▼ 模板B 可以提取商务文本中的一部分用于其他地方,通用性较强。	题目 （杂乱） ✕ 无法提取其中一部分商务文本。要么全部使用,要么全部舍弃。

  第二,使用模板制作商务文本有助于提升资料的品质。当我们有意识地按照模板制作商务文本时,我们对于结构的把握非常明确,即"商务文本整体→资料包→幻灯片→图表→文字信息",我们非常清楚哪个部分要讲哪些内容,商务文本整体的逻辑结构非常的简单易懂。

  反之,当我们不使用模板制作商务文本时,如果信息量很大,我们的逻辑结构很有可能会变得支离破碎,或者一页资料中混杂着多种信息,有关联的信息分散在很多幻灯片中,导致对方无法明白我们到底想要表达什么。

  由此可见,在制作商务文本时应当有意识地按照上述5个步骤来使用模板制作,这样可以有效提高商务文本的制作效率及品质。

● "一目了然、不被误解"

在此介绍制作商务文本时的注意事项：那就是制作出"一目了然、不被误解"的商务文本。

其实这句话听得我耳朵都要起茧了，当年我在咨询公司工作时，上司曾反复强调这一注意事项。看起来似乎理所当然，实际操作起来却相当难。

"一目了然"是说我们要把资料整理得简单易懂。但要做到简单，就要省略很多说明性的文字，这样反而容易遭到误解。若要做到"不被误解"，就要准备出详细的资料。可是增添大量的说明文字和信息量后，对方反而难以理解其中的内容。

虽说两者之间此消彼长，但我们还是能够两者兼顾，即在更高的角度实现兼顾二者的平衡。本章我们所要学习的正是如何搞清这个二律背反关系，如果解决不了这个问题，辛苦制作出来的商务文本就无法成为我们的良好武器。下文将具体介绍制作商务文本的方法，在此之前请大家务必牢记一个大前提，即制作出"一目了然、不被误解"的商务文本。

● 不要违反人类的阅读习惯

为了使我们制作的商务文本不被他人误解，制作时必须注意不要违反人类的阅读习惯。因为违反人类阅读习惯的商务文本读起来会让人感到非常难理解，为了避免出现此类情形，需要注意四点。

故事里，为了介绍"硬件解决方案的概要"，中山先生专门画了一幅图（图5-3）。大家能否看出该图中有哪些地方令人感觉费解？

图5-3　违反人类阅读习惯的商务文本实例

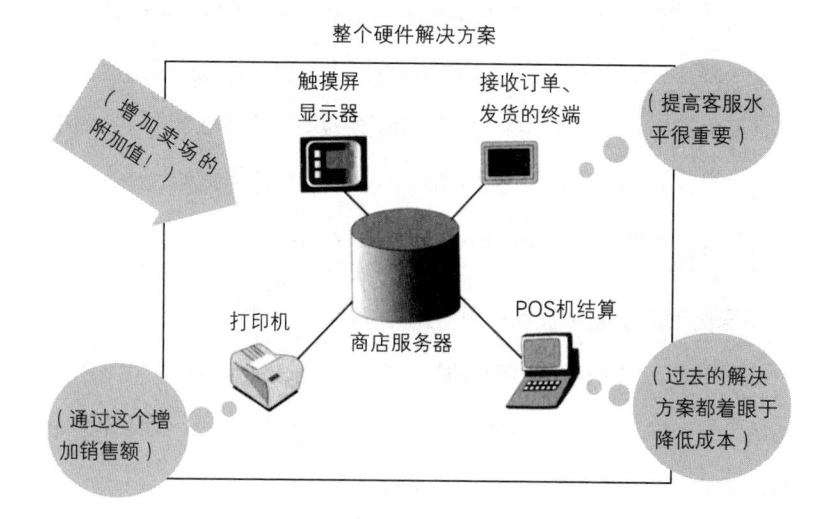

整个硬件解决方案

（增加卖场的附加值！）

触摸屏显示器

接收订单、发货的终端

（提高客服水平很重要）

打印机

商店服务器

POS机结算

（通过这个增加销售额）

（过去的解决方案都着眼于降低成本）

1. 按照从左上方至右下方的顺序排列语句

图5-3的右上方和左下方分别有一句话："提高客服水平很重要""通过这个增加销售额"。很显然，这两句话前后有关联。然而在阅读横向书写的文字时，大家的阅读习惯一般都是从左上方到右下方。而乍一看图中语句，会让人摸不清头脑，不知道应该从哪里开始读起。因此，我们必须按照从左上方至右下方的顺序排列语句。

2. 图文保持一致

图5-3左上方有个朝下的箭头，箭头的内容却是"增加卖场的附加

值!"既然说要"增加",箭头应该朝上才符合人类的阅读习惯。

3. 强调重要信息

再者,箭头中的"增加卖场的附加值!"是这张图中最想传达的信息,却被放到角落里,而且字号还特别小,很容易被读者忽略。反而是最中间的"商店服务器",这句话明明没有什么特殊含义,字却很大,容易让人误以为是很重要的信息。所以我们应当把最想传达的信息放在最显眼的位置,用粗体大字对其进行强调。

4. 不同类别的事物不宜使用同一符号表示

图中有三句话被对话形状的文本框圈了起来,问题在于右下角那句话是在回顾"过去",另外两句话则是在展望"未来"。用同样的图形标示定位不同的语句,非常容易招致读者误解。

由此可见,违反人类阅读习惯的商务文本容易引人误解。

要想制作出一目了然、不被误解的资料,我们应当关注细节,务必使字号、颜色、形状、表现方式等符合人们的阅读习惯。

● 需要删除三种类型的内容

为了制作易于理解的资料,我们必须删除不必要的内容,让商务文本显得简洁明快。在此介绍三个窍门,具体请参见下文。

1. 删除不必要的信息

首先,不必要的信息是指幻灯片及图表等资料中的"不需要的内容"。只需要把最想表达的信息凝缩成简短几句,用最小限度的信息架成商务文本,其所传达的"故事"就会变得条理清晰、易于理解。如果商务文本的框架不够稳固,我们就会不自觉地往里面添加一些所谓的"参考资料""补充资料"——而这些资料实则与主题没有太大的关联,结果导致整体结构和中心思想变得模糊不清,人们不明白这份商务文本到底是要讲什么。

请大家记住这句口令:Simple is best(简单才是完美)。要有勇气舍弃一些东西。如果你在删除掉部分信息后感到了不安,就说明你对自己的方案不够有信心。假如你已把握住了方案的目的和论点,做好了会议的设计,有逻辑地归纳了自己想说的内容,那就没有必要以"参考资料""补充资料"的名义添加不必要的幻灯片和图表。

如此这般,当我们删除了不必要的信息之后,我们的商务文本就离"一目了然、不被误解"的状态更进一步了。需要注意的是,"有勇气舍弃一些东西"并不意味着"制作字号大得过份、内容贫乏的商务文本"。即使商务文本中的文字字号较小、图表较为细致、内容较多,只要其中的信息足够条理清晰,也不会让人感到抓不住重点。

2. 删除不必要的文字

其次需要删除的是不必要的文字。蝇头小字写成的冗长段落往往容易令人感到费解。因为企划方案和说明资料等算不上"书籍",倘若文章过于冗长,就会让读者感到厌烦。因此我们应当努力使文章变得短小精练,删掉那些废话和冗长的修饰语。这样一来就能大量缩减不必要的文字。

如图5-4所示，在前面的故事里，中山先生用图表解说了"硬件解决方案的新颖之处"。大略一看，我们立刻感到右边的图更容易理解。那么左右两图在内容上是否存在大的差异呢？答案为"否"。左边图中废话较多，修饰语较为冗长，反而导致中心不够明确，让人感到费解。

图5-4　删除不必要的文字

冗长的文字	简洁的文字
说到硬件解决方案的新颖之处，那就是接待顾客时，努力提高接待服务的水平，从而增加目标店铺的销售额。也就是说，在与顾客直接接触的业务领域，即前台系统方面下工夫，增加前台系统的附加值。这就是硬件解决方案的主要特色。	硬件解决方案的新颖之处： 增加前台系统的附加值 提高客服水平 增加销售额

意思基本相同

- "接待顾客时，努力提高接待服务的水平" → "提高服务水平"
- "增加目标店铺的销售额" → "增加销售额"
- "与顾客直接接触的业务领域，即" →删掉后不会改变段落的意思

如此这般，我们应当在不改动意思的范围内尽量削减文字，努力写出简练精要的文章。

3. 删除不必要的属性信息

第三项需要删除的是不必要的"属性信息"，即颜色、形状、线条粗细、字体、阴影等用于装饰的文字和图形。因为颜色、图形种类、

阴影等都是引人注意的部分，如果使用过多的颜色、图形、阴影，不仅会让读者感到视觉疲劳，而且还会造成混乱，让读者搞不清这份商务文本到底想要强调什么。

请参看图5-5上方的柱状图。左边的柱状图看起来比较杂乱，令人感到读起来费劲，删掉不必要的颜色和线条后，柱状图就变得简洁易懂了。

图5-5　删除不必要的属性信息

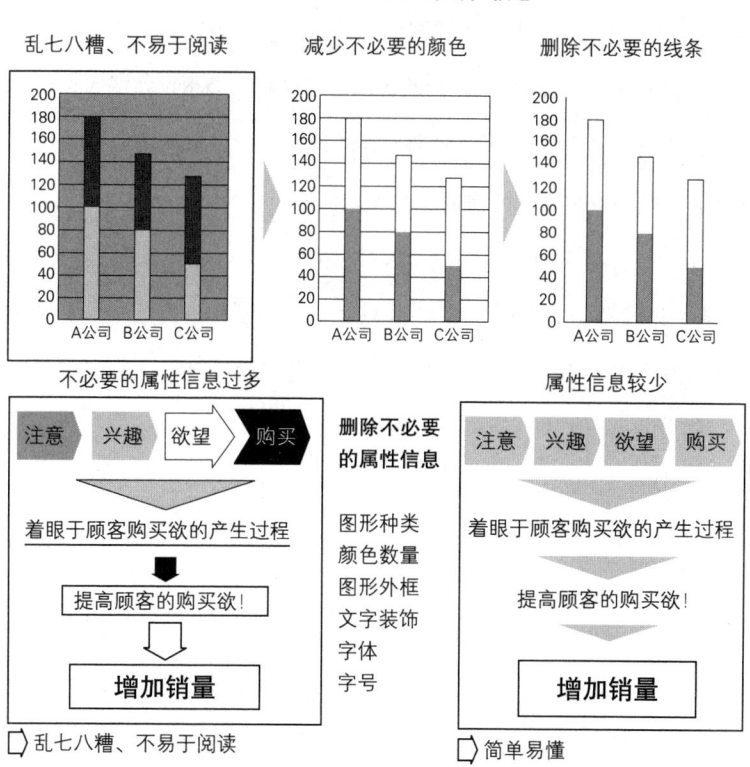

乱七八糟、不易于阅读　　减少不必要的颜色　　删除不必要的线条

不必要的属性信息过多　　　　　　　　　　属性信息较少

删除不必要的属性信息

图形种类
颜色数量
图形外框
文字装饰
字体
字号

▷ 乱七八糟、不易于阅读　　　　▷ 简单易懂

图5-5下方是中山先生用于解释"硬件解决方案增加销量的原因"的图表。左边的图由于添加了过多与主要信息无关的、没有任何意义的属性信息,所以看起来比较费神。

左图中,从"注意"到"购买"总共使用了三种箭头、四种颜色以及四种字号。与此相比,右图同一位置的箭头、颜色、字号均保持一致。因为"注意""兴趣""欲望""购买"都属于顾客决定购买时的心理过程,所以没有必要像左图那样添加过多的属性信息。

简而言之,不要太过纠结图形是否花哨,而应致力于让图表看起来"一目了然、不被误解"。为此我们应当认真思考想要在图表中传达怎样的内容,这些内容该摆放到怎样的位置。通过最低限度的使用属性信息,把商务文本制作得简单易懂。

最后,如果要用一句话来概括制作商务文本的大前提,那就是"让对方思考就是我们的失败"。也就是说我们制作的商务文本不应让对方产生疑惑、进而检查其中的问题。让对方看过后就能立刻记住,才是优秀的商务文本所应具备的特征。

● 要点

何为制作商务文本的能力

1. 把自己想表达的东西总结成书面形式需要经历5个步骤。
（1）写成文字信息。
（2）制作图表。
（3）把文字信息和图表组合成幻灯片的样式。
（4）把多张幻灯片组合成资料包，构成一个完整的"故事"。
（5）把各种资料包组合成符合会议目的的资料群。
2. 使用模板制作商务文本，即用"组装零件法"来制作。
3. 我们应当努力制作出"一目了然、不被误解"的商务文本。
4. 制作的商务文本不要违反人类的阅读习惯。
5. 要制作简洁易懂的商务文本，需要拥有删除三种内容的勇气。
（1）不必要的信息
（2）不必要的文字
（3）不必要的属性信息
6. 牢记"让对方思考就是我们的失败"。制作出一看就懂的商务文本。

第1节 文字信息要简单明了

● 三行文字讲清内容

文字信息是指我们在幻灯片上罗列的"最想传达给对方的内容"。即使读者不通读全文,只要按照顺序翻看每页的文字信息,就能了解整个商务文本到底在讲什么。文字信息通常被称为开头句,开头句大约有三行,一般写在每页纸(幻灯片)的最上方。如果还有需要特意强调的内容,可以在纸的最下方写一到两行总结句。当然,不是每张幻灯片都得有总结句(图5-6)。

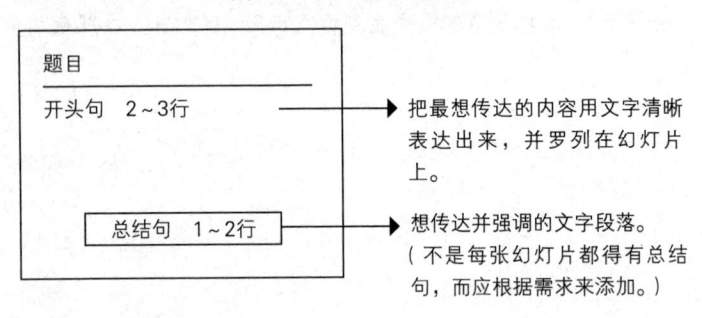

图5-6 文字信息的位置

题目	
开头句 2~3行	→ 把最想传达的内容用文字清晰表达出来,并罗列在幻灯片上。
总结句 1~2行	→ 想传达并强调的文字段落。(不是每张幻灯片都得有总结句,而应根据需求来添加。)

因为整个商务文本的"故事"都是由文字信息构成的,所以文字

信息在商务文本中最为重要。偶尔我们会看到一些幻灯片上只有数据没有文字信息，这种做法并不值得赞赏。因为读者看到这种没有文字信息的幻灯片后，不得不动脑筋思考作者到底想要讲什么。毕竟，商务文本应由提交的一方进行解释说明，因此不应让读者费神。

另外，大多情况下，幻灯片上之所以没有文字信息，不是因为"没写"，而是因为"写不出来"。也就是说，该幻灯片不符合整体的故事线，换言之，很可能这张幻灯片对整个方案来说可有可无。如果我们下定决心每张幻灯片上都要写好文字信息，肯定能删掉一些可有可无的幻灯片，让整个"故事"条理清晰。

商务文本由多条文字信息组合而成，从而传达出我们想说的内容。然而假如没能写好各条文字信息，即使读者通读全文恐怕仍然不知所云。由此可见，首先我们必须写好每条文字信息。不要把文字信息写得太长，那样容易让读者感到厌烦。用精练的语句给予读者深刻的印象方为上策。因此，记述文字信息时，最重要的一点是把想说的内容凝缩到三行以内。

● **说明、事实、启发**

那么我们应该在"文字信息"处写些什么呢？幻灯片上添加的文字信息主要包括三种内容：说明、"事实、启发。请参照图5-7，这是中山先生为解说"上贺茂制作所的销售额变化"制作的图表。

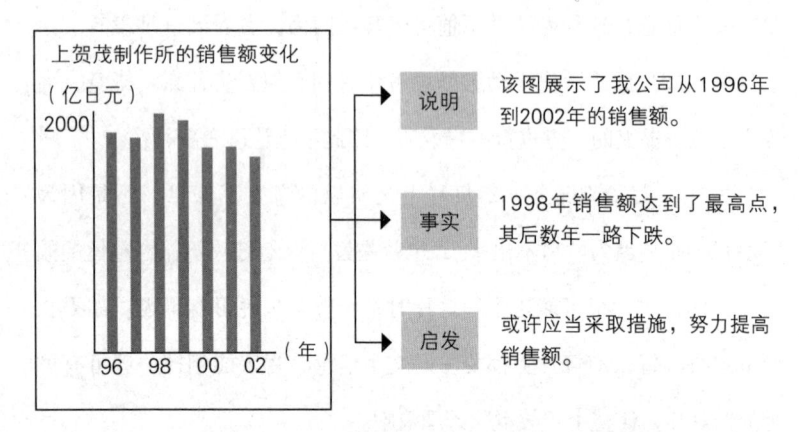

图5-7 说明、事实、启发

上贺茂制作所的销售额变化
（亿日元）
2000
96 98 00 02（年）

说明 → 该图展示了我公司从1996年到2002年的销售额。

事实 → 1998年销售额达到了最高点，其后数年一路下跌。

启发 → 或许应当采取措施，努力提高销售额。

▷ 即使是为同一张图表添加文字信息，"说明"、"事实"、"启发"所需要的文字信息也各有不同。

1. 说明

"说明"是指幻灯片上用于介绍"这是什么"的文字信息。"纵轴表示销售额，横轴表示年份，该图展示了我公司从1996年到2002年的销售额变化情况"——这就是"说明"。这段"说明"仅仅介绍了图表的读法，完全没有介绍图表中的数据内容等。越是复杂的图表，越是需要说明性文字。

2. 事实

"事实"是指幻灯片上用于介绍"具体内容"的文字信息。例如在图5-7中，"1998年销售额达到了最高点，其后数年一路下跌"，这段文字信息就是"事实"。"事实"只是客观阐述图表的具体内容，没有评价其好坏。因此,"事实"不应包括对读者的诱导、要求等。

3. 启发

"启发"是指幻灯片所提示的"意义"。此处的"启发"与第3章介绍的"启发"同义,即有益于回答论点或把握论点核心的信息。"或许应当采取措施,努力提高销售额"就是图5-7的"启发"。"启发"应包含自己对信息的解释。

如上所述,即使是为同一张图表添加文字信息,"说明"、"事实"、"启发"所需要的文字信息也各有不同。至于到底要添加哪一种文字信息,则应根据资料结构选取相应的文字信息。不管怎样,首先请大家记住,文字信息包括三种内容,"说明"、"事实"、"启发"。

● 文字信息的排列方式

现在我们来思考文字信息在幻灯片上的排列方式。我们需要摆放"说明"、"事实"、"启发"这三种内容,如上文所述,"说明"、"事实"、"启发"的内容由浅到深、逐渐递进。没有"说明"就无法很好地理解"事实",理解不了"事实"就无法读懂"启发"。因此应按照这一顺序排列文字信息。

排列文字信息的地方有两处,即开头句和总结句。因为我们一般按照从左上方向右下方这个顺序阅读,所以考虑到前文提及的原则——不要违反人类的阅读习惯,应把文字信息排列成图5-8的样式。也就是说,如果开头句的内容是"说明",那么总结句的内容就该是

"事实"或"启发";如果开头句的内容是"事实",那么收尾句的内容就该是"启发";如果开头句的内容是"启发",那么总结句一般就什么都不写。顺便说一句,此处虽然讲的是文字信息在一张幻灯片上的排列位置,但是在多张幻灯片上也同样要采取这种排列方式。

图5-8 文字信息的排列方式

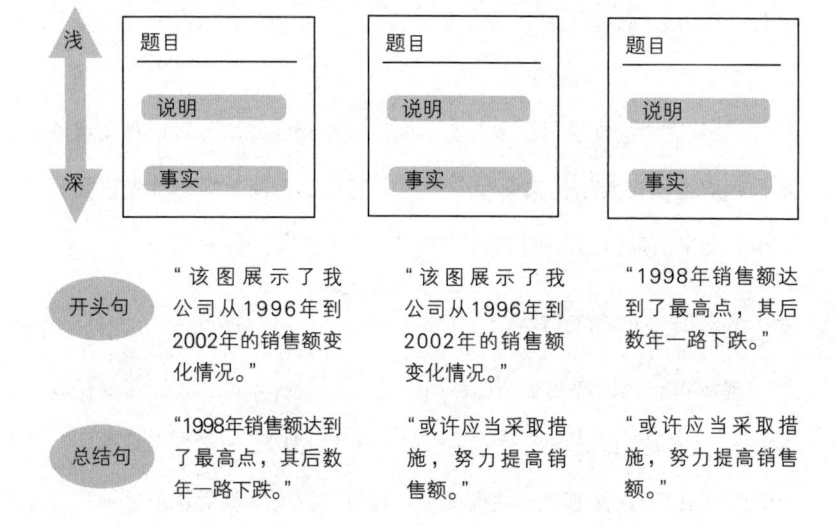

浅↕深	题目 说明 事实	题目 说明 事实	题目 说明 事实
开头句	"该图展示了我公司从1996年到2002年的销售额变化情况。"	"该图展示了我公司从1996年到2002年的销售额变化情况。"	"1998年销售额达到了最高点,其后数年一路下跌。"
总结句	"1998年销售额达到了最高点,其后数年一路下跌。"	"或许应当采取措施,努力提高销售额。"	"或许应当采取措施,努力提高销售额。"

● 如何书写文字信息

在前文中我们了解了应当如何排列文字信息,但是更为重要的是如何具体书写内容。

不知道大家是否有过这样的经历。制作商务文本的过程中,一到书写文字信息时就不知道该如何下笔了。尽管脑子里有许多想法,可是到底该写些什么、怎样书写却成了难题。还有一种情形就是我们不知道自己所写的文字信息是好是坏。

这种情况下就该根据如下4个要素进行判断。

1. 目的性：符合讨论的目的，回答对方的论点。
2. 崭新性：能为对方提供新的发现，或让对方感到吃惊。
3. 明确性：明快地描述具体内容。
4. 方向性：告知对方应如何去做（行动）。

此处请注意，"说明"、"事实"、"启发"所需满足的要素数量各有不同（图5-9）。"说明"只需满足"目的性"和"崭新性"这两点即可。"事实"因为只需客观描述事实，所以即使没有"方向性"也没有关系，满足"目的性"、"崭新性"、"明确性"这三点即可。"启发"作为含义最深的文字信息，则需同时满足4个要素。

图5-9 文字信息的种类及所需要素

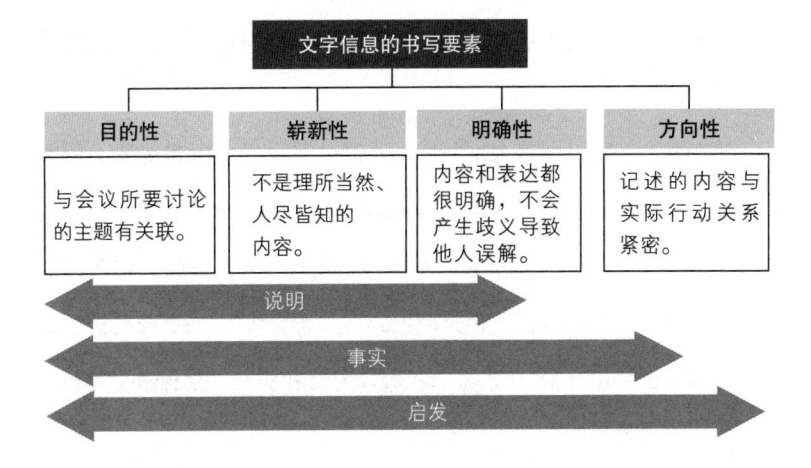

目的性	崭新性	明确性	方向性
与会议所要讨论的主题有关联。	不是理所当然、人尽皆知的内容。	内容和表达都很明确，不会产生歧义导致他人误解。	记述的内容与实际行动关系紧密。

说明：目的性 → 崭新性
事实：目的性 → 崭新性 → 明确性
启发：目的性 → 崭新性 → 明确性 → 方向性

具体请参见下文。

1. 目的性

"目的性"是最为重要的要素,集第2~4章的精华于一身。擅长写作不见得就能写出符合目的的文字信息。

首先,如第2章所述,最重要的一点是,能否采用纵向和横向逻辑描述出整个提案的框架,幻灯片上的文字信息是否符合其逻辑结构。做不到这一点就无法写出符合逻辑的文字信息。

其次,如第3章所述,是否符合目的和论点极为重要。如果做不到这一点,就算写了一大堆内容,对于读者来说也是毫无意义。

再者,如第4章所述,文字信息是否符合"本次方案"的内容同样很重要。

倘若无法做到同时符合逻辑结构、目的和论点、本次方案的内容,文字信息就会在"符合目的性"方面有所欠缺,从而给对方留下不好的印象——"内容与主题并不相关""他到底在讲什么""我不想听这些",等等。

第3章介绍过一个客人A为缩短通勤时间而考虑搬到房屋×的案例。图5-10以该案例为基础,分析如果缺少了以上4种要素,文字信息会变成什么样。假设客人A希望搬到能够缩短通勤时间的房屋,那么"可以租赁的房屋包括三种类型:公寓、高层住宅、独门独栋"(说明)、"该房屋可以养猫"(事实)、"可以考虑和朋友一起租房"(启发)

这三项文字信息就不符合A的目的，对A而言没有意义。

当然，商务活动中的文字信息更为复杂。但只要文字信息不符合目的，就毫无意义。为了避免这种情况，我们应参照第2~3章，认真思考应如何表达才能切中目的和论点。

2. 崭新性

所谓崭新性，是指是否能为对方提供新的发现，或让对方感到吃惊。关于这一点，我曾在第3章第2节讲解过。即使我们表达的内容非常符合目的，一旦对方觉得"这些话不用讲我也知道"，就意味着我们的文字信息没有任何意义。

如图5-10所示，"既然打算缩减通勤时间，那么居住在市中心附近最为合适"，这段"说明"确实符合客人A缩减通勤时间的目的。但是，因为大家都了解这个事实，客人A很有可能会发怒："不用你说我也知道。"同理，"房屋×附近有地铁站，可以坐地铁上下班"，这项"事实"虽然符合A的目的，但因为它是谁都知道的常识，所以没有意义。至于与它同一行的"启发"，同样缺乏崭新性。

或许有人会想，"怎么可能有人提交这么愚蠢的方案？"然而在商务现场，缺乏崭新性的方案随处可见，那些被批评为"理所当然""普普通通""中规中矩"的方案大多存在这个问题。其原因正是由于提交方案者不了解对方的具体情况，随便把某个常见模式套用到实际案例当中。为了避免缺乏崭新性，我们应事先充分调查对方的情况，认真理解对方的需求。

图5-10 没有意义的文字信息

搬到房屋X能否缩短通勤时间?

	说明	事实	启发
缺乏目的性	・可以租赁的房屋包括三种类型：公寓、高层住宅、独门独栋。 ・轻型钢筋骨架的房屋由于墙壁较薄，所以隔音效果较差。	・该房屋可以养猫。 ・浴室和厕分离，相当宽敞。	・可以考虑和朋友一起租房。 ・建议同时租下停车场。
缺乏崭新性	・既然打算缩减通勤时间，市中心附近最为合适。 ・计算通勤时间应分别考虑"从房屋到站的时间"和"从车站到公司的时间"。	・房屋X附近有地铁站，可以坐地铁上下班。 ・比起从房屋X步行至地铁站，乘坐公交车更省时间。	・最好搬到离车站较近的地方。 ・最好搬到离市中心较近的地方。
缺乏明确性		・应该离车站不算远。 ・因为在不同时间段乘坐地铁所耗费的时间各有不同，所以没法断言乘车时间较短。	・如果搬到房屋X，应该可以大量缩减通勤时间。 ・房屋X基本上算是比较划算的。
缺乏方向性			・搬到房屋X虽然能缩短通勤时间，但是房租较高，所以说不上来是好还是不好。 ・目前看过的房屋中，房屋X距离车站最近，不过此外还有一些房屋可以租赁。

3. 明确性

"明确性"是指把想说的内容具体清晰地表达出来。如果是含糊、抽象、模棱两可的语句，就算费尽口舌，也和没说一样。

请参见图5-10。"应该离车站不算远"这句"事实"就缺乏明确性。"应该不算"一词主观色彩太强，我们不知道到底步行要几分钟，距离有多远，因此很难判断距离的远近。此外，"因为在不同时间段乘坐地铁所耗费的时间各有不同，所以没法断言乘车时间较短"，这句话存在着相似的问题。或许"事实"确实"没法断言"，既然如此，就该按早、中、晚划分，具体告知各个时间段乘车所需耗费的时间、最快几分钟、最慢几分钟，等等。没有这种明确的表述，对方就无法做出准确的判断。同理，该行的"启发"也缺乏明确性。

缺乏明确性的最大原因是提交方案者缺乏自信，换言之，就是研究得不够透彻。倘若能够明确指出"缩短5分钟"，想必谁都会明确地写出来。正是因为没有仔细研究过，所以不能信心十足地断言，只能采用含糊的表述。事实上在商务现场，这种含糊的表述简直不胜枚举。要想避免出现缺乏明确性的情况，就一定要提前准备好精确的答案。并且，日常生活中应尽量避免使用"基本上""大概""相当"等含糊的词汇，养成良好的习惯。

4. 方向性

"方向性"能够告诉对方接下来该采取怎样的行动。假如没有提示对方接下来的行动方向，即使滔滔不绝，对方也会质疑："讲了这么多，到底想让我怎么做""跟我讲这些是想要我做什么"。

如图5-10所示，假如房屋中介告诉你："搬到房屋×虽然能缩短通勤时间，但是房租较高，所以说不上来是好还是不好。"你肯定很想吐槽："你到底是推荐这套房子还是不推荐这套房子？"同理，假如房屋中介对你说："目前看过的房屋中，房屋×距离车站最近，不过此外还有一些房屋可以租赁。"恐怕你会感到暴躁："既然这样，干嘛专门给我介绍房屋×？你该让我把所有房屋看完，然后推荐离车站最近的房屋！"房屋中介这两句话虽然具备"目的性""崭新性""明确性"这三个要素，但是未能指明接下来的行动方向，无法提供启发。

缺乏方向性的最大原因在于混淆了事实和启发这两个概念。房屋中介这两句话如果作为事实来看，全都有其意义，并且正确客观。然而若要回答对方的疑问，仅罗列事实显然行不通。

如第3章所述，"启发"必须是有益于把握论点核心的信息。要想明确方向性，就要在方案中针对对方的疑问恰当表达自己的"主观意图"。

● **书写文字信息时的三个注意事项**

上文介绍了文字信息的排列位置和排列方式，以及文字内容所需具备的要素等。接下来让我们看一下书写文字信息时的三个注意事项（图5-11）。

图5-11 书写文字信息时的注意事项

简洁表述	统一词汇	照顾对方的情绪
语言表达应简洁,这样才能迅速把要点传达给对方。	统一使用名词术语等,避免引发误解和混乱。	语言表达需谨慎,不要一不小心给对方留下不好的印象,引发与话题无关的讨论。

1. 简洁表达

首先,第一个注意事项是"简洁表述"。这和前文中提及的"删除不必要的信息"相呼应,要求我们删除多余的文字,使文章更加简洁明快。换言之,就是"文字信息的凝缩",具体内容将在下节说明。

2. 统一词汇

极端点说,如果我们在不同位置用相似词汇进行表述,反而会让对方难以理解。举例而言,"高层住宅A安装了自动锁、摄像头,房屋B也采用了完备的安全防范措施。"在这句话中,我们不清楚"安全防范措施"和"自动锁"、"摄像头"到底表达的是同一个意思还是不同的意思。如果是同一个意思,就该统一词汇;如果是不同的意思,就该明确指出哪里不同。

3. 照顾对方的情绪

有些表达方式可能会无意中触怒对方,因此应避开这些表达方式。比如房屋中介对客人说:"这处房屋是专门为低收入人群设计的,所以非常划算！"无论谁听了这句话都会感到不舒服吧。

其实只要告诉客人"这处房屋相当便宜"就足够传达意思了，没必要使用那些可能会破坏对方心情的表达方式。

商务现场尤其需要注意照顾对方的情绪。向他人提交方案时，一定要谨慎用词，千万别稀里糊涂地得罪对方。

- "贵公司技术水平不行，所以最好和我公司开展合作。"
   → "如果贵公司愿意合作，想必技术能更上一层。"
- "现在的主打业务没有发展，所以应该开展新的业务。"
   → "如果开展了新的业务，我认为公司的未来将会拥有更多的可能性。"
- "我听不懂部长您在说什么，您应该这样表述。"
   → "部长如果这样表述的话，肯定能让更多人理解您的意思。"

同样的内容换种方式来讲，效果就会截然不同。提交方案时没必要口无遮拦地戳中对方的痛处。我们的首要任务是让对方接受我们的提案并付诸行动，所以要注意表达的方式。

● **凝缩文字信息的手法**

上节第1项"简洁表述"处提及了"文字信息的凝缩"，在这节将具体解说这一点。文字信息的凝缩有4种手法（图5-12）。请参照下面的例句，具体学习这4种手法。

图5-12　文字信息的凝缩

把结论放到前面	删除多余的语句	避免词汇重复	使用概括性词汇
先写结论，然后写理由及补充说明。	有些语句删除后不会影响沟通，这种多余的语句就该删除（包括删除具体例子）。	同一词汇反复出现时，应进行概括总结，避免词汇重复。	长句短说，用成语、熟语等进行概括。

例句

"与同一地区的其他房屋相比，结果表明房屋×租金相对较高，但是该房屋在室内装潢和室外装潢、与车站的距离（约800米）、与公司的距离（坐地铁约25分钟）等方面很好地满足了您的要求，甚至远远高于普遍水准。因此我认为这是一处非常合适的房屋。"

1. 把结论放到前面

该手法要求我们把"想说的内容""结论"放到前面来讲。比如，如果把例句中的结论——"非常合适"放到开头，然后解说理由，那么对方听了第一句话就能立刻明白我们想要表达的内容，不会因迟迟不知道结论而感到厌烦。

2. 删除多余的语句

有些语句删除后不会影响意思，就应该删除。比如例句中的"普遍水准"、"事实虽然已经得到了确认"等，即使删掉也不会改变句子的意思。要做到简洁表达，就该尽力删除多余的语句。

3. 避免词汇重复

该手法要求避免重复相同的词汇。例如,把"室内装潢和室外装潢"改成"内外装潢",把"与车站的距离、与公司的距离"改成"与车站、公司的距离"就会变得更加简洁。重复相同词汇会使语句变得冗长,因此应当避免重复。

4. 使用概括性词汇

该手法要求长句短说,用成语、熟语等概括性词汇。例如,"我认为这是一处非常合适的房屋"可以改为"条件优越";"与同一地区的其他房屋相比,租金相对较高"可以改为"高于市价"。不过这里需要注意的是,过度修改可能会适得其反,让对方摸不清头脑。

以下是按照上述4种手法修改后的例句。修改之后明显变得简单易懂。

凝缩后的例句

"房屋×条件优越。虽然高于市价,但是它在内外装潢以及与车站、公司的距离等方面很好地满足了您的要求。"

● **要点**

文字信息应简洁易懂

1. 文字信息是指我们在幻灯片上罗列的"最想传达给对方的内容",长度大约为三行。

2. 文字信息主要包括三种内容,"说明"、"事实"、"启发"。

3. 排列文字信息的地方有两处,开头句和总结句。

4. 有内容的文字信息应具备4个要素。

(1) 目的性:是否符合目的及论点?

(2) 崭新性:是否给对方带来新的发现?

(3) 明确性:是否清楚说明了具体意思?

(4) 方向性:是否告知了对方行动方向?

5. 书写文字信息时的三个注意事项。

(1) 简洁表述

(2) 统一词汇

(3) 照顾对方的情绪

6. 简洁表述,即凝缩文字信息有4种手法

(1) 把结论放到前面:先写结论,后写理由

(2) 删除多余的语句:删除不影响沟通的语句

(3) 避免词汇重复:同一词汇反复出现时,应进行概括总结

(4) 使用概括性词汇:长句短说,用成语、熟语等进行概括

第2节　把文字信息制成图表

● **瞬间传达意思**

制作图表是指从视觉方面着手，利用各种图形和图画表现我们想要传达的内容。可以说，图表是统计图、插图、文字等元素的组装产物。俗话说，"百闻不如一见"。之所以需要图表，是因为图表能够在一瞬间把意思传达给对方。

图5-13　制作图表

文字的表现力	文字的表现力
"为了增加卖场的附加值，必须从两个方向着手，提高顾客的满意度。其一要满足顾客对知识的需求，其二要满足顾客对感情的需求。举例而言，顾客对知识的需求意味着卖场提供的服务需要更加智能化，比如门票预约、信息检索等；顾客对感情的需求意味着卖场提供的服务需要更加娱乐化，比如打印歌词卡、歌曲视听等。通过同时提高两个方面的满意度，能够大幅提高卖场附加值。"	以增加卖场的附加值为目标 **智能化&娱乐化** 门票预约、信息检索、打印歌词卡、歌曲视听 现状 顾客对知识的需求 ↑ 顾客对感情的需求 →

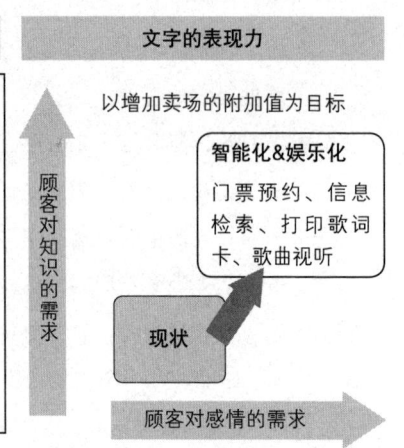

如图5-13所示，虽然左右两张图都解释了何为"增加卖场的附加

值"。二者内容虽然相同，但是左边只有文字，右边则是图表。那么哪边能让人更快理解呢？明显是右边。

制作商务文本时最需要注意的就是制作出"一目了然、不被误解"的商务文本。为了实现这个目标，就不能用冗长的语句说明。不要让对方大量阅读信息，不要让对方费神思考。最好能让对方一眼看去就能立刻明白其中的意思，因此，我们应当用简单易懂的图表最大限度地表达我们想说的内容。

● **图表的内容与排版**

那么我们在实际操作中，应该如何做才能把想说的内容用图表表示出来？请大家回忆一下自己制作会议资料、报告、企划方案等各种商务文本时的情形。

尽管心里想着要开始制作了，进展却相当缓慢。你的脑海里虽然有模糊的想法，却不知道应该写什么、怎样写。总之，先打开电脑，开始在空白的幻灯片上写句子。因为幻灯片上只有文字未免显得太过单调，于是你随便添加了些图形，加了点阴影，调整了一下字体和字号。尽管如此，整体效果也不见得有多好。时间一分一秒地飞逝，你还是觉得不满意。于是重新编辑幻灯片，删除图表，认认真真地开始写文章。然而看看你的最终成品，与其说是为他人准备的"商务文本"，不如说是单纯罗列了自己各种想法的笔记……

由此可见，在白纸上从零开始制作图表真的很难。很多人都是一开始不知道应该写什么、怎样写，在写的过程中才产生了各种想法，于是添加了各种效果,添加之后却发现整张图表变得乱七八糟。

这时就需要前文介绍的"用模板制作商务文本"了。"模板"不仅能帮助我们制作整个商务文本的框架,还能帮助我们制作具体图表。具体而言,可以把图表分为"内容"与"排版"这两个概念。图表的"内容"包括统计图、插图、文本等无法再被细化的"图形"。图表的"排版"是指上述"内容"的排列方式。假如只是想着要画一个图表,就很难构思出一个清晰的轮廓。而如果将其拆分思考——"画些什么样的图形,如何摆放",那么脑海里的轮廓就会变得清晰起来。具体请参见下文。

● 图表内容只有三种

构成图表的"内容"一共只有三种,插图、统计图、文本(图5-14)。

图5-14 图表"内容"的种类

插图	统计图	文本
用于加深读者印象的图画和照片。	可以使统计数字变得更加直观,方便人们阅读。	无法用图示信息时,则用文本表示。

国内据点及销售额
札幌　12亿日元
仙台　26亿日元
东京　240亿日元
大阪　117亿日元
广岛　53亿日元
福冈　41亿日元

1. 插图

插图是指图画、照片等。例如介绍某产品时，我们会添加该产品的照片，用以加深读者的印象。适当地添加图画和照片，不仅能使商务文本看起来更专业，还能准确传达图像信息。而且这种表现形式不易引发误解，使用起来非常便利。

2. 统计图

统计图包括饼状图、柱状图、曲线图、散点图、雷达图等多种样式，可以使统计数字变得更加直观，方便人们阅读。由于不同样式的统计图各有优缺点，使用时请注意这些问题。

3. 文本

图表中的文本是指"文本框"。用"图"来传达内容虽然更为有效，但它无法表达所有的内容，这时还是需要"文字"。不过，图表的"文字"不能像文章段落那样长。这时就要用到前文介绍的"凝缩文字信息的手法"，做出简单易懂的文本框。

● 图表排版只有四种

图表内容的排版方式一共只有四种，"关联图"、"流程图"、"树状图"、"表格"。虽然有些图表看起来非常复杂，但是仔细区分一下就能发现，那些复杂的图表肯定是由以上四种排版组合而成（图5-15）。

图5-15 图表的排版种类

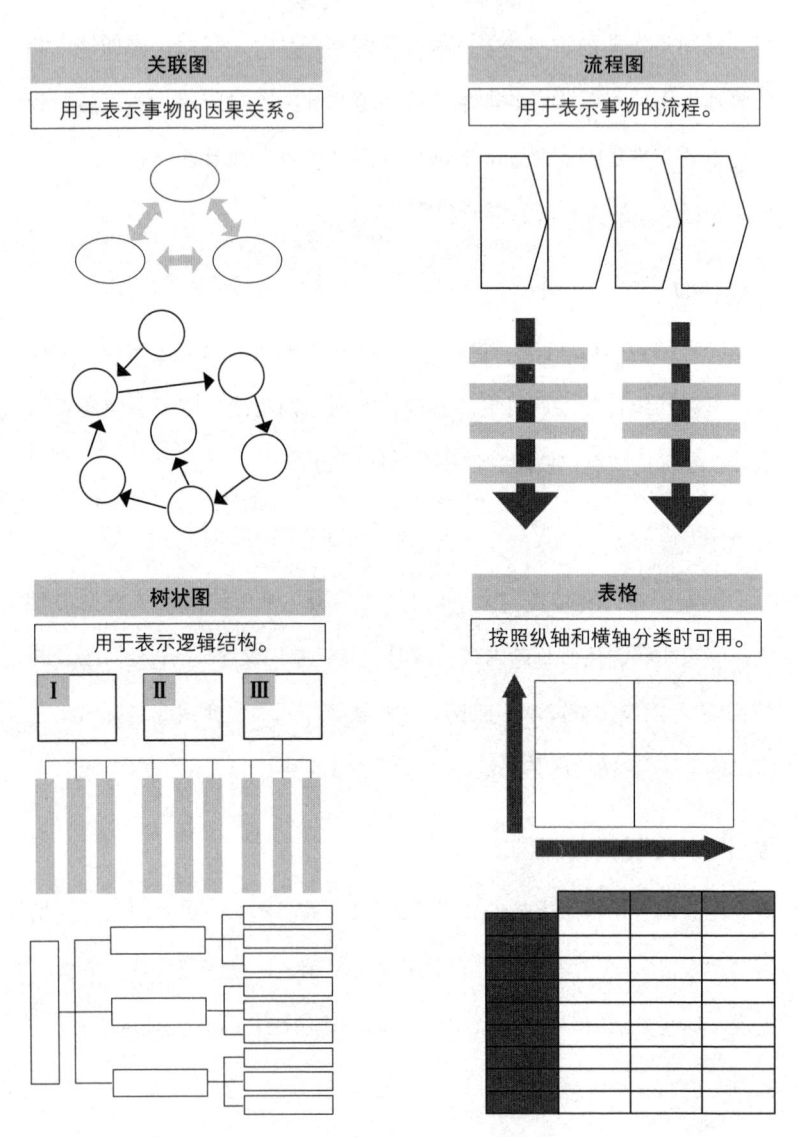

关联图

用于表示事物的因果关系。

流程图

用于表示事物的流程。

树状图

用于表示逻辑结构。

表格

按照纵轴和横轴分类时可用。

1. 关联图

用于表示事物的因果关系。例如，"恶性循环""良性循环"等都涉及因果关系，应当使用关联图。

2. 流程图

用于表示事物的流程。比如说，"价值链""日程图"等常常使用流程图进行排版，各个项目之间用箭头连接。时间、功能、价值等元素往往朝着某个方向流动，这时应使用流程图。

3. 树状图

用于表示逻辑结构，经典的树状图有"逻辑树"和"论点树（假设树）"。关联图看起来就像一个圈，而树状图则保持一个方向，比如自上而下。此外，流程图不会分枝，从始至终都是一条线，而树状图则会在中途分枝。因此，表示总分关系时最好使用树状图。

4. 表格

按照纵轴和横轴分类时可用。表格其实就是"表"，它是日常生活中最为常见的排版。

● **图表的修饰**

要把图表制作得简单易懂，还需从三个方面进行修饰。

1. 尽量使用图形

有时，即使文章写得很详尽仍然很难顺利传达信息。为了能让对方立刻理解我们的意思,应尽可能避免使用文字和数字,而是采用统计图和插图来表达。

2. 设计合适的标题

务必要给图表添加合适的标题,让人一看标题就能明白图表所要表达的内容。再者,给图表设计标题可以有效帮助我们整理思路。为了给做好的图表设计一个合适的标题,很多人都会反复思考,而在思考过程中,他们会愈发清晰地知道自己想要表达什么。

3. 标记重点部分

即使采用统计图和插图的形式进行表达,如果不对图表中的重点部分加以标记,对方还是可能会搞错重点。

如图5-16所示,此处的重点是"导入硬件解决方案的店铺的销售额是未导入该方案的店铺的两倍"。如果不强调这个部分,读者可能会觉得:"未导入硬件解决方案的店铺居然有20万日元的销售额,看起来不少啊。"这种反馈明显偏离了图表制作者的预期。

● 组装制作图表

刚才我们了解了图表内容及排版的几种类型,现在该实际学习如何制作图表了。首先要做的是确认信息。我们想传达怎样的内容?哪种图表排版最适合说明我们的"逻辑"?哪种图表内容最适合说明我们所找到的"事实根据"?明确了这几点之后,就可以将传达内容、图表排版、图表内容组合起来制成图表。在此,我列举两个具体案例。

图5-16 图表的修饰

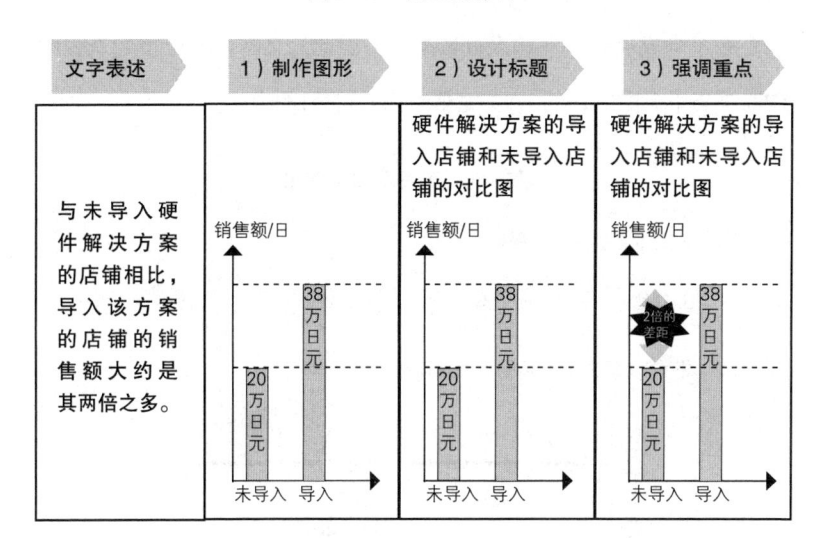

文字表述	1）制作图形	2）设计标题	3）强调重点
与未导入硬件解决方案的店铺相比，导入该方案的店铺的销售额大约是其两倍之多。	销售额/日 未导入 20万日元 导入 38万日元	硬件解决方案的导入店铺和未导入店铺的对比图 销售额/日 未导入 20万日元 导入 38万日元	硬件解决方案的导入店铺和未导入店铺的对比图 销售额/日 未导入 20万日元 导入 38万日元 （2倍的差距）

案例（1）

前文的故事中曾提到："通过开展硬件解决方案来增加卖场的附加值"，现在我们试着把该案例做成图表。要传达的内容如下。

- 句子1："顾客在决定购买商品之前会经历若干阶段。首先要注意到商品的存在，然后产生兴趣，继而想要拥有，最后实际购买。"
- 句子2："硬件解决方案正是促使顾客对商品产生兴趣、激发顾客产生想要拥有商品的欲望，从而达到刺激顾客购买欲。"
- 句子3："这样一来就营造出了'人气卖场'。"

首先，最适合句子1的图表排版是"流程图"。因为这句话的主题是顾客购买商品之前的一连串心理"动向"。如果把句子1的文本内容一个一个画成插图，那就太过繁杂了。因此，文本内容应填到流程图的箭头当中。图5-17的（1）完整诠释了句子1的内容。

图5-17　流程图和矩阵图

（1）把文本内容填入流程图

注意　兴趣　欲望　购买

（2）把（1）嵌入到表示强调的矩阵图中

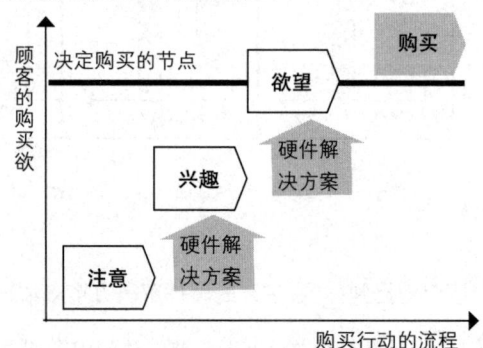

（3）把（2）嵌入到一个更大的流程图中

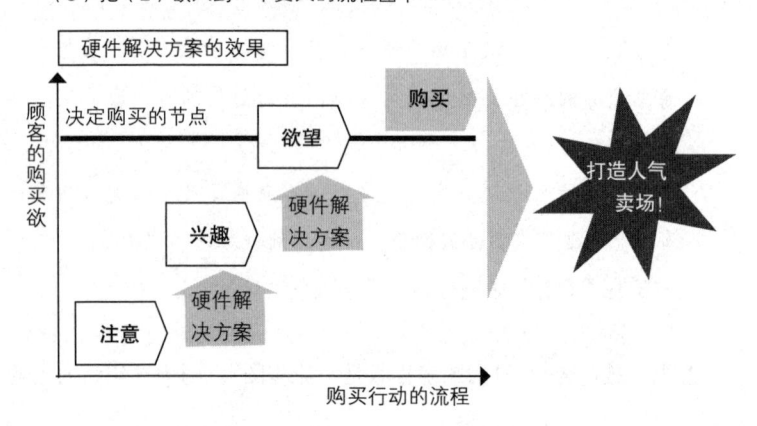

然后把句子（2）制作成图表。最适合句子（2）的图表排版是矩阵图。对商品的"兴趣"和"欲望"可同时用纵轴"顾客的购买欲"和横轴"购买行动的流程"来表示。因此，我们可以把句子（1）的流程图嵌入到矩阵图中。接着加以修饰，添加两个朝上的箭头（图表内容），表示"硬件解决方案能够提高顾客的购买欲"。为了强调"购买欲达到一定高度后顾客会购买商品"，我们添加了一条横线，表示"决定购买的节点"。如图5-17的图表（2）所示，该图基本诠释了句子1和句子2所要传达的内容。

最后把句子（3）制成图表。以前的卖场在安装上硬件解决系统后变成了人气卖场。这个流程最好用流程图进行诠释。把图表（2）嵌入到更大的流程图后，就制成了图5-17的图表（3）。到此阶段整张图表终于制作完成。比起用大段的文字做说明，使用图表就简单多了，瞬间就能把所有内容清晰地传达出来。

案例（2）

下面三句话是商务现场经常能看到的情景。我们把以下三句文字信息制成图表。

- 句子1：
  客户投诉的起因主要发生在4个方面：零件设计、零件制造、成品组装、消费者的不恰当使用。
- 句子2：
  据本次统计，有80%的客户投诉起因于成品组装这条生产线上。

零件设计方面不存在问题,零件制造和消费者的不恰当使用所引发的客户投诉次数基本相同。"

- 句子3:

如果是零件设计和零件制造方面出现问题,我公司尚能加以解决。可成品组装和消费者的不恰当使用则不是我公司所能解决的问题。

首先,由于句子1把客户投诉的起因分为4类,所以树状图是最为合适的排版。然而这4类起因不仅存在并列关系,而且分属商品生产流通的上下游,因此应在树状图的基础上添加流程图。两个图形组装之后就形成了图5-18的图表(1)。

然后把句子2制作成图表。句子2的文字信息可以在某种程度上用数字进行说明,因此应使用柱状图。在图表(1)的基础上添加柱状图,就变成了图5-18的图表(2)。

最后把句子3制作成图表。这时不能忽略句子1和2所呈现出的商品生产流通的上下游关系。句子3的文字信息只需"文本"即可充分表达,无需添加统计图和插图。然后强调一下"我公司不能解决",整张图表就此完成制作。想必读者只需两三秒的时间就能轻松理解其中传达的内容。

总之,只要找出适合文字信息的图表内容和排版,然后巧妙地进行组装,就能制作出简单易懂的图表。

图5-18 树状图

（1）流程图 + 树状图

客户投诉的原因分类
- 零件设计
- 零件制造
- 成品组装
- 消费者使用

（2）在图表（1）的排版中添加柱状图

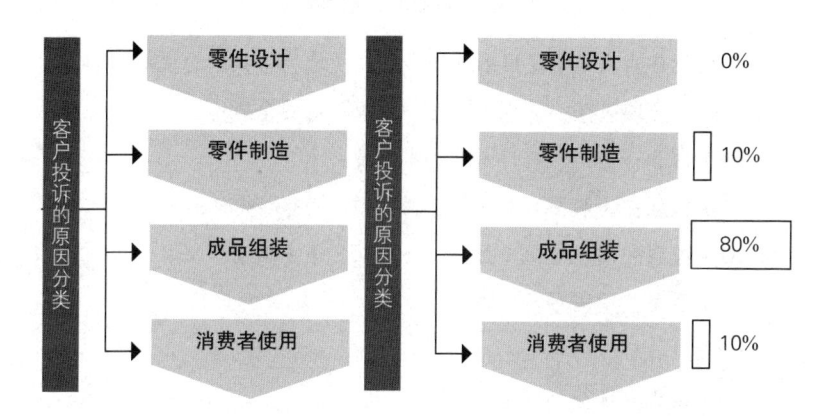

客户投诉的原因分类
- 零件设计　0%
- 零件制造　10%
- 成品组装　80%
- 消费者使用　10%

（3）在图表（2）中继续添加内容

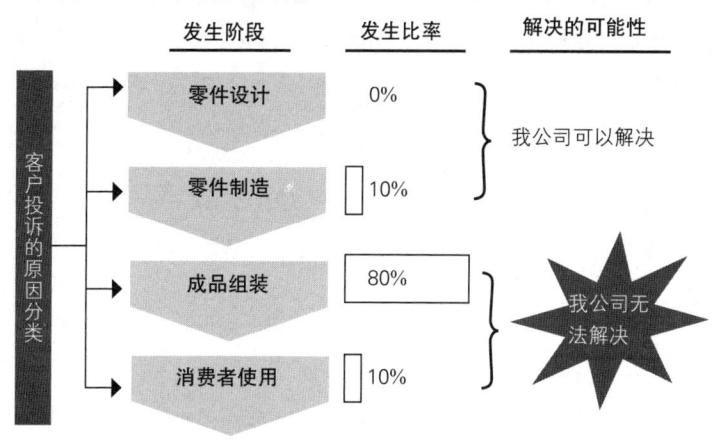

发生阶段	发生比率	解决的可能性
零件设计	0%	我公司可以解决
零件制造	10%	
成品组装	80%	我公司无法解决
消费者使用	10%	

（客户投诉的原因分类）

● 要点

把文字信息制成图表

1. 我们应当用简单易懂的图表尽可能多地表达我们想说的内容。

2. 可以把图表分为"内容"与"排版"这两个概念。

（1）内容：插图、统计图、文本三种。

（2）排版：关联图、流程图、树状图、表格4种。

3. 要把图表制作得简单易懂，还需从三个方面着手修饰。

（1）尽量使用图形。

（2）设计合适的标题。

（3）在重点部分加以标识。

4. 明确自己所要传达的信息，在此基础上选择符合事实根据的图表内容和符合逻辑的图表排版，然后组装制成图表。

第3节　配置幻灯片

● **制作幻灯片需注意两个要点**

幻灯片是指构成商务文本的数个页面,由文字信息和图表组合而成。制作幻灯片时需注意如下两点。

1. 幻灯片的上方必须添加文字信息（开头句）

如果幻灯片的上方添加了开头句,那么读者无需阅读具体内容就能大概了解整张幻灯片到底想要表达什么。

大家可能在会议资料中看到过只有数据、统计图、照片,却没有任何文字说明的幻灯片。仔细阅读后或许我们能够明白幻灯片所要表达的内容,但是对于没有开头句的幻灯片,我们无法瞬间掌握其中的内容。再者,缺乏开头句的幻灯片往往不是因为"没写",而是因为"写不出来"。也就是说,虽然幻灯片上列有统计图和图形,但是通常这些统计图和图形没有什么意义,或是偏离了主题,所以制作者才写不出总结性的文字信息,无法添加开头句。

因此,幻灯片的上方必须添加开头句。尤其是页数较多的资料,如果每页都添加了开头句,那么我们只需翻看开头句就能大致了解整个商务文本所要表达的内容。

2. 文字信息和图表应相呼应

有时我们会看到文图毫无关联的商务文本。为了不使读者感到混乱，文字信息和图表应该呼应。

我在第5章第1节曾指出文字信息主要包括三种内容："说明"、"事实"、"启发"。根据文字信息的内容不同，应该选择不同类型的幻灯片，分别为说明性幻灯片、事实性幻灯片、启发性幻灯片。各个类型的幻灯片也应与图表相呼应（图5-19）。

图5-19　幻灯片的类型

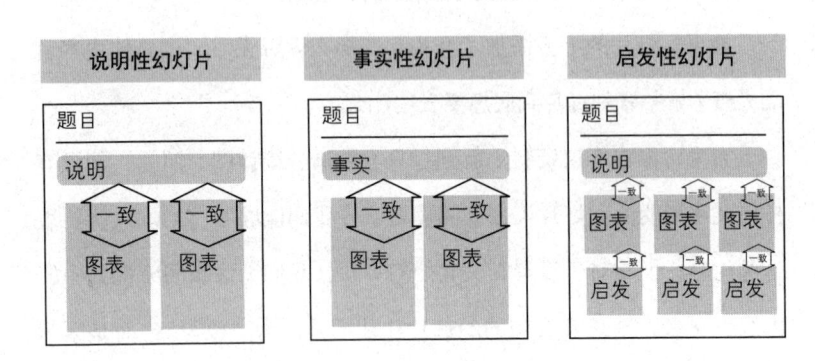

● 提高完成度的三个技巧

除了注意上述两个要点以外，灵活使用如下三个技巧，可以有效提高幻灯片的完成度（图5-20）。

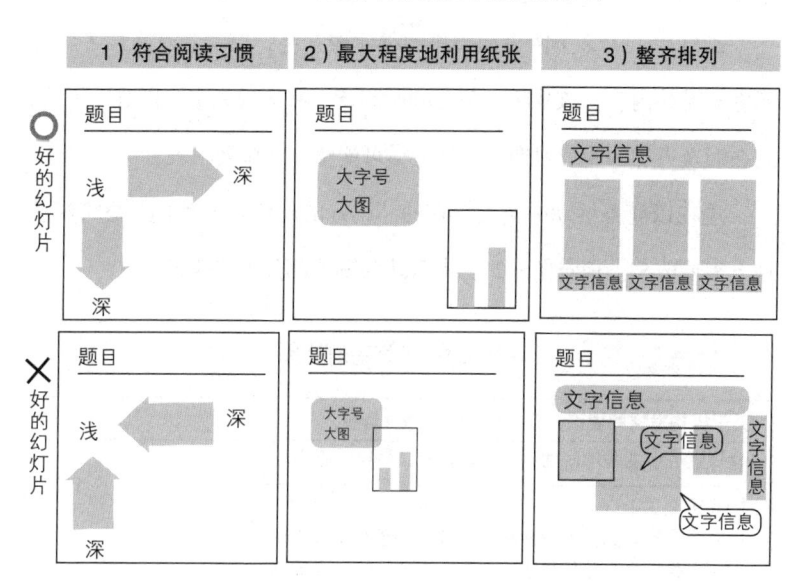

图5-20 幻灯片制作过程中的注意事项

1. 符合阅读习惯

只要不是竖写的书籍资料,人们的阅读习惯通常是按照从左上方到右下方的顺序。因此,"想让读者最先读到的内容"应写在左上方,"之后想让读者读到的内容"则写在右下方。也就是说,越往右下方阅读,越能接近结论。如果违反了这个顺序,就容易导致读者思维混乱。

2. 最大程度地利用纸张

明明还有很大空白,图和字却特别小,这种做法简直是在浪费纸张。我们应当最大程度地利用纸张,使用大图和大字号,方便读者理解商务文本中的内容。

246　精准表达

3. 整齐排列

幻灯片上的多个图表如果排列得比较杂乱，就会让读者搞不清楚哪里有哪些内容、该从哪个部分开始阅读，阅读起来十分困难。因此，应在顾及人类的阅读习惯的基础上尽可能整齐地排列图表。

现在以商务活动中实际存在的"不好的幻灯片"为例，思考哪些地方需要改善。请看图5-21，大家认为哪些部分需要改善？

图5-21　不好的幻灯片

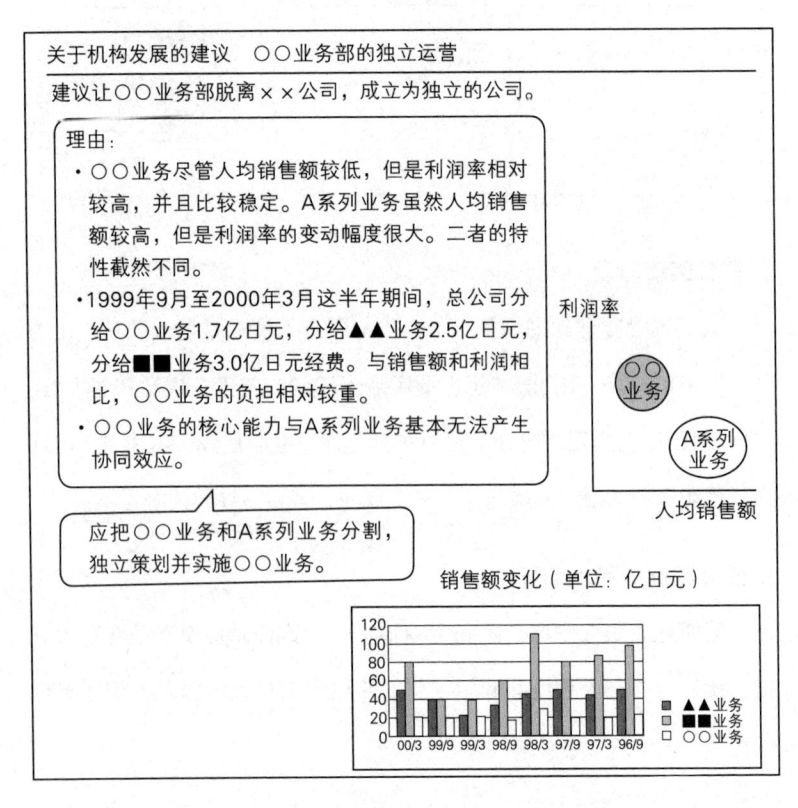

```
关于机构发展的建议    ○○业务部的独立运营
建议让○○业务部脱离××公司，成立为独立的公司。

理由：
• ○○业务尽管人均销售额较低，但是利润率相对
  较高，并且比较稳定。A系列业务虽然人均销售
  额较高，但是利润率的变动幅度很大。二者的特
  性截然不同。
• 1999年9月至2000年3月这半年期间，总公司分
  给○○业务1.7亿日元，分给▲▲业务2.5亿日元，
  分给■■业务3.0亿日元经费。与销售额和利润相
  比，○○业务的负担相对较重。
• ○○业务的核心能力与A系列业务基本无法产生
  协同效应。

                                            利润率
                                              ○○
                                              业务
                                                  A系列
                                                  业务
应把○○业务和A系列业务分割，              人均销售额
独立策划并实施○○业务。
                              销售额变化（单位：亿日元）

                              120
                              100
                               80
                               60                              ▲▲业务
                               40                              ■■业务
                               20                              ○○业务
                                0
                                  00/3 99/9 99/3 98/9 98/3 97/9 97/3 96/9
```

1. 幻灯片需要改善的地方

首先，乍一看去就能发现，左下方有大片空白被浪费掉了，而且右下方的统计图字号太小，不方便阅读。其次，幻灯片上有一个长方形的文本框、两个统计图、一个对话形状的文本框。这4张图表没有对齐，看起来非常杂乱。按照一般的阅读习惯，我们最先看到的是左上角的长方形文本框。第一眼就是文本框的标题——"理由"，但这张图无法让我们立刻知道是什么事情以及根据哪些数据和事实总结得出的结论。再者，开头句的文字信息提到"成立为独立的公司"，可是我们无法看出该文字信息与4张图表的关联性。

2. 图表需要改善的地方

左上方的长方形文本框修饰过多，表内为灰色背景，边框外有斜线阴影。这些修饰给图表增加了许多不必要的属性信息，没有任何意义。右下方的"销售额变化"柱状图则横线太过繁杂，且没有参照。另外，对话形状的文本框往往让人觉得是"注释"，可里面却写有"最重要的启发"，可能会导致读者误解。

3. 文字信息需要改善的地方

左上方的长方形文本框中，理由写得乱七八糟，啰嗦且缺乏条理，让人不清楚到底是在讲什么。此外，图表中提到了"A系列业务"、"〇〇业务"、"▲▲业务"、"■■业务"，却没讲清这些业务之间的关系。

大致一看就能发现该幻灯片存在上述诸多问题。大家是否也发现了这些问题呢？重点是在看幻灯片时能够发现哪个地方影响阅读，哪个地方复杂难懂。只要发现了问题，就能按照前文中的说明轻松地做出修改。

针对前文指出的问题，我对图5-21进行了修改，图5-22为修改后的幻灯片。

图5-22 改善后的幻灯片

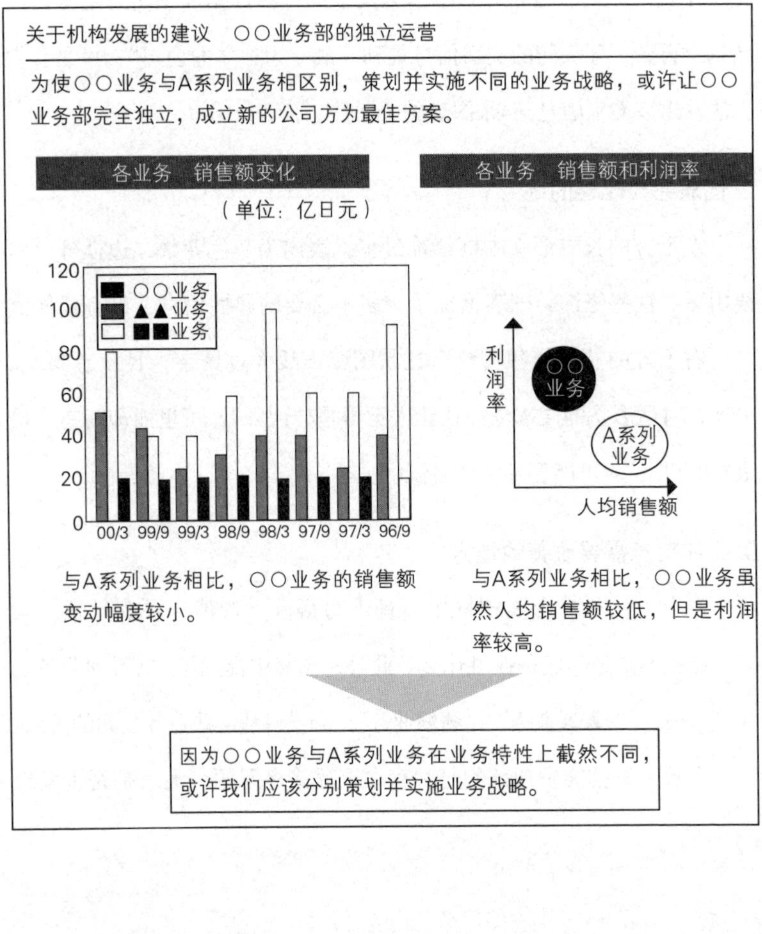

关于机构发展的建议　○○业务部的独立运营

为使○○业务与A系列业务相区别，策划并实施不同的业务战略，或许让○○业务部完全独立，成立新的公司方为最佳方案。

各业务　销售额变化	各业务　销售额和利润率
（单位：亿日元）	

与A系列业务相比，○○业务的销售额变动幅度较小。

与A系列业务相比，○○业务虽然人均销售额较低，但是利润率较高。

▼

因为○○业务与A系列业务在业务特性上截然不同，或许我们应该分别策划并实施业务战略。

● 要点

配置幻灯片

1. 制作幻灯片时需注意如下两点。
（1）幻灯片的上方必须添加文字信息。
（2）文字信息和图表应相呼应。
2. 灵活使用如下三个技巧，可以有效提高幻灯片的完成度。
（1）按照人类的阅读习惯，从左上方至右下方排列图表。
（2）最大程度地利用纸张。
（3）尽可能对齐行和列，整齐排列图表。

第4节　完成资料包

● **制作资料包时的注意事项**

上一节介绍了在制作单张幻灯片时图表和文字信息的写法。做好幻灯片后，接下来就该介绍将幻灯片打包成资料包的工序了。

所谓资料包，是将数张幻灯片进行排列组合，构成一个完整的"故事"。制作资料包并非简单地把幻灯片排列起来，而是要达到"能让读者理解"的效果。我曾见过许多会议资料，其中有不少资料只是把幻灯片随随便便排列到一起，未能考虑读者的感受。好不容易制作出完成度较高的文字信息、图表和幻灯片，却因为没有认真的排列，导致读者搞不清楚这是个怎样的故事、资料到底想要传达什么，这样一来之前所有的努力也都付诸东流了。

那么我们具体应该怎样把幻灯片打包，才能让对方理解我们想要传达的内容？注意事项有如下三点。

1. 必须包含启发。
2. 迎合对方的逻辑。
3. 区分使用三个切入点。

具体如下。

1. 必须包含启发

如图5-23所示,资料包中必须包含"启发性幻灯片"。不论幻灯片是多是少,"启发性幻灯片"都必不可缺。

图5-23 制作资料包时的注意事项

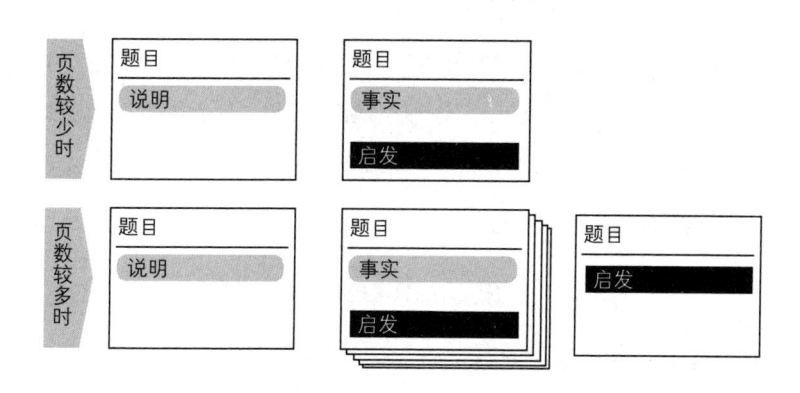

原因在于启发性幻灯片的目的就是回答对方的论点,具有提炼对方疑问、引出下一步行动的作用。假如资料包里只有说明和事实,我们就无法了解作者到底想要读者做什么,以及到底想向读者传达什么。

我常常看到只有事实性幻灯片,却缺少启发性幻灯片的会议资料。倘若未能把想说的内容准确写在纸上,读者就会按照自己的喜好随意理解,结果导致传达效果不良。

换个角度来看,把启发性幻灯片加入资料包其实意味着我们对资料的品质,也就是方案的内容负责。只把事实性幻灯片提供给对方,在会议室随便讲解几句,任他人按照自己的喜好随意解读资料,这样做岂不荒谬?由此可见,制作商务文本时,应把我们的主张作为启发明确写在纸上。

2. 迎合对方的逻辑

迎合对方的逻辑,就是说要考虑对方的思维方式,然后整理商务文本的框架。关于对方的逻辑思考模式,我曾在第4章指出,应当判断对方是"纵观全局派"还是"连锁把握派",是"自上而下派"还是"自下而上派"。图5-24则介绍了应如何根据对方的思维方式来整理故事,按照何种顺序来排列幻灯片。

图5-24 根据对方的思考模式具体展开逻辑

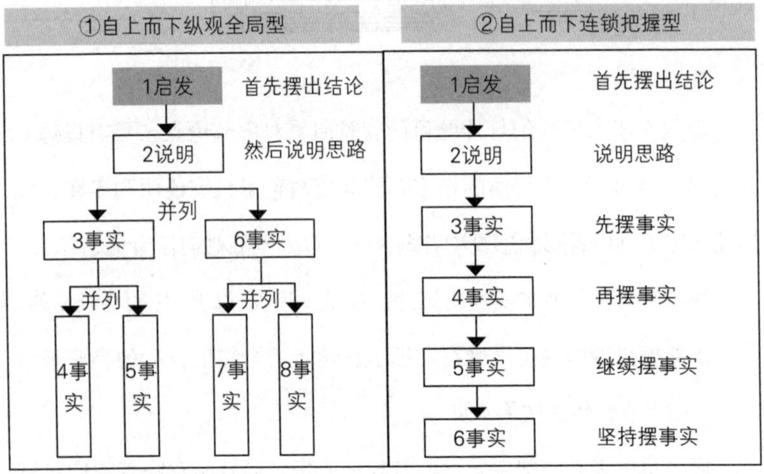

①自上而下纵观全局型	②自上而下连锁把握型
1启发 → 首先摆出结论 2说明 → 然后说明思路 并列 3事实　6事实 并列　并列 4事实 5事实　7事实 8事实	1启发 → 首先摆出结论 2说明 → 说明思路 3事实 → 先摆事实 4事实 → 再摆事实 5事实 → 继续摆事实 6事实 → 坚持摆事实

（接上图）

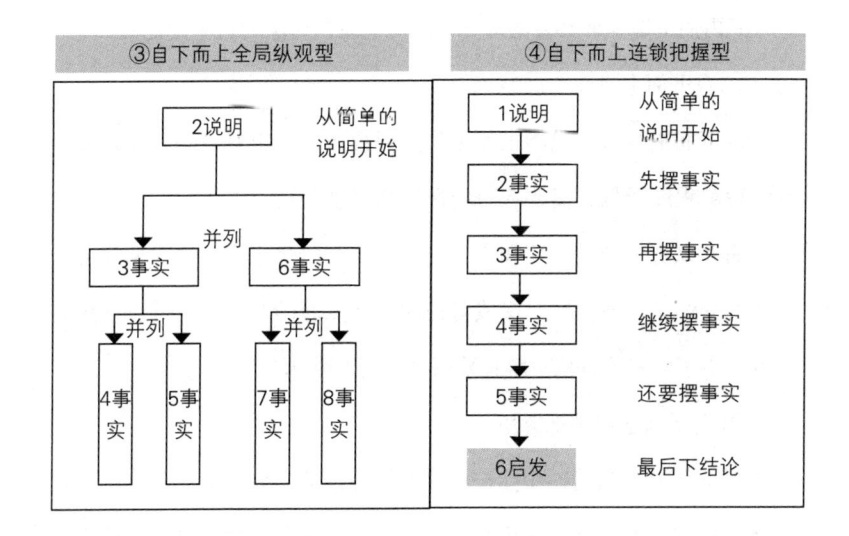

③ 自下而上全局纵观型	④ 自下而上连锁把握型

③ 自下而上全局纵观型：2说明 → 并列：3事实、6事实 → 3事实并列：4事实、5事实；6事实并列：7事实、8事实。从简单的说明开始。

④ 自下而上连锁把握型：1说明 → 2事实 → 3事实 → 4事实 → 5事实 → 6启发。从简单的说明开始、先摆事实、再摆事实、继续摆事实、还要摆事实、最后下结论。

① 自上而下全局纵观型

自上而下全局纵观型的优点是没有遗漏，能在短时间内说明结论。缺点则是一上来就讲结论，会让人感觉有些唐突。因此，如果是面向理解程度较高的参会者和只需重点介绍结论的会议，就比较适合按照自上而下全局纵观型的模式来制作资料包。具体而言，向管理层领导汇报讨论结果、会议开始前与参会者共享已知的前提条件和必要信息等场合，就适合采用这一模式。

② 自上而下连锁把握型

自上而下连锁把握型能够在短时间内把想说的内容传达给对方。缺点是令人感到唐突，并且缺乏全局观，人们容易觉得这只是制作者的主观意识。该模式适用于各科室讨论部门目标的会议等。上司想在短时间内向下属强调必要的部分，加深下属的印象时可采用此模式。

③ 自下而上纵观全局型

自下而上纵观全局型虽然不会遗漏视角，却很费时间。如果参会者的理解程度较低，需要花时间慢慢解释来获得对方认同，就可采用自下而上纵观全局型。比如说，当我们需要向毫不了解情况的参会者或顾客介绍研讨成果时，又或者访问初次见面的对象时，可以预想到对方并不了解相关背景，就宜采用自下而上纵观全局型。

④ 自下而上连锁把握型

自下而上连锁把握型能按照顺序把想说的内容以简单易懂的方式传达给对方，不会让人觉得唐突，这是它的优点。缺点则是说话容易绕圈子，片面地给事物下定义。因为只有在对方理解能力较低，仔细讲解一定范围内的某项结论时才会用到该模式，所以除非有特殊目的，否则大多情况下不会有使用这种模式的机会。如果是向上司提交报告书或会议资料，尤其要避免使用该模式，否则会给上司留下幼稚的印象。

3. 分别采用三个切入点

我们应从哪个点切入，着手整合资料包？如果是要介绍长期开展的项目等，则需要制作大量的幻灯片，这时我们往往不知道该怎样去归纳整合。其实，使用场合不同，报告书及策划方案的整合方式也会有所不同，具体可采用"操作视点"、"项目视点"、"论点视点"这三个切入点（图5-25）。

比如说，某公司为探讨新业务的可行性，围绕"市场、竞争、己方公司"等展开了各种各样的分析。以此课题为例，下文将具体解说资料包的整合方法。

图5-25 总结内容的视点

	①操作视点	②项目视点	③论点视点
说明	以实际进行的工作为切入点进行总结。	在以某视点为基础的框架上，总结各项内容。	把想说的内容分类总结归纳。
具体案例	1.数据分析 　1-1.公司内部 　　　数据分析 　1-2.公司外部 　　　数据分析 2.采访 　2-1.总公司各部门 　　　采访情况 　2-2.据点采访 　　　情况 3.基准点	1.市场 2.竞争 3.己方公司	1.新业务的可行性 2.强化产品研发 3.重新审视营业体制
使用场合	课题刚开始时的工作计划等资料简单的进展报告	用于课题中间阶段小型报告会的讨论用资料	短时间的会议 最终报告会的总结性资料
优点和缺点	○能够清楚地了解每天到底在做什么，具体进展到哪一步。 ×难以了解整体结论，缺乏全局观	○具有全局观，避免产生遗漏。 ×无法了解整体结论以及具体在做怎样的工作。	○明确知道自己想要传达什么、想要就哪些事项展开讨论。 ×缺乏全局观，往往在某个细枝末节上展开讨论。

① 操作视点

操作视点以实际进行的工作为切入点进行总结，又称为"任务视点"。假如采用该视点制作报告书，可以把各章节设定为"数据分析"、"采访"、"商品分析"、"公司内部意见"、"顾客反馈意见"等。操作视点的优点是能够清楚地了解工作的进展情况，缺点是不知道工作完成后能得出怎样的结论。并且，由于该视点缺乏全局观，容易遗漏某些事项。因此，操作视点适用于简单的工作进程报告，却不能在重要的决策会议使用。

② 项目视点

所谓项目视点，是指在以某视点为基础的框架内总结各项内容。采用该视点制作报告时，可把章节设定为"市场"、"竞争"、"己方公司"；或者"战略"、"流程"、"机构"、"IT"等。

项目视点由于依托于某个框架，所以具备全局观，能有效避免产生遗漏，这是它的优点。缺点则是难以了解具体做了哪些工作。并且与操作视点相似，项目视点也不清楚整体能得出怎样的结论。因此，需要全局观的报告会可采用项目视点，如果要短时间内传达某些重点事项，则不宜采用项目视点。

③ 论点视点

论点视点能把想说的内容分类归纳。各章节可以设定为"新业务的可行性"、"强化产品研发"、"重新审视销售体系"等，让人一眼看去就能立即了解其中所要传达的内容。

该整合方法的优点是清楚直率地传达想说的内容，缺点则是缺乏全局观，不了解工作的具体进展情况。如果会议时间有限，必须在短时间内讲完想说的内容，宜采用论点视点来整合资料。此外，论点视点还适用于最终报告会的总结性资料。而如果是时间较长、可以深入讨论的会议，采用该视点恐怕会遗漏某些事项，进而遭到对方的质疑。

● **要点**

完成资料包

1. 资料包中必须包含启发。

2. 根据对方的逻辑和使用场合来制作资料包。

① 自上而下纵观全体型：适合参会者理解程度较高、只需短时间重点介绍结论的会议。

② 自上而下连锁把握型：适合短时间内强调必要部分的会议。

③ 自下而上纵观全体型：适合花时间慢慢解释来获得对方认同的会议。

④ 自下而上连锁把握型：适合参会者理解能力较低，需要细细讲解的会议。

3. 分别采用三个切入点。

① 操作视点：能够清楚了解具体工作的进展情况。

② 项目视点：具有全局观。

③ 论点视点：能够明确地传达信息。

第5节　整合资料群

● **构建资料群**

　　"资料群"这个词是咨询行业的专业术语，所以大家可能并不熟悉。所谓资料群，是指"为某个会议制作而成的最终版的资料群"。从语义上来看，似乎也可以把它称为"资料"。然而资料群除了"资料"以外，还包括"问答卡"、"论点清单"、"参考数据"等围绕会议目的而准备的所有资料包。由此可见，"资料群"与"资料"在语感上存在着微妙的差别。

　　制作资料群其实与设计会议十分相似。原因在于，如果我们不了解会议的目的，就不知道该往资料群中添加哪种资料包。请大家回忆一下第4章的"会议设计"。倘若我们不知道会议的定位是什么，谁将出席会议，预计耗费多长时间，打算讨论何种内容，最终要对哪个事项做出决策，就无法构筑出符合会议目的的资料群。作为上司，不要太过含糊地命令下属："帮我整理下次会议要用的资料。"如果上司下令"提前准备资料"，也不要轻率地应承下来，一定要在充分了解会议目的及参会者的基础上着手构建资料群。

资料群由8个资料包构成

现在具体解说一下资料群应如何构筑。如图5-26所示，针对不同的会议目的，展示了构成资料群的8个资料包。当然，除了这8个资料包以外，还可添加更细致的资料包。但是只要做到熟练运用8个资料包，基本就能应对正式会议、碰头会、报告会等需要商务文本的场合。

下面按照资料排列的顺序，详细介绍8个资料包。

① 摘要

如果是自上而下的方式，就把摘要放在最前头，如果是自下而上的方式，则把摘要放到最末尾。摘要主要是把"④内容"简单地总结归纳。各个公司各有不同的规定，一般是把所有想说的内容凝缩到一张A3或A4纸上。也有公司要求把其他几套资料包放在一起，摘要则单独放在一张纸上。打印出来的摘要约为一张纸大小，幻灯片形式的摘要则不过寥寥几页。因为信息需高度凝缩，添加的启发需言之有物，所以制作难度相当之高。

② 前提

"前提"总结了事情的原委、本次会议的背景及目的等。该资料包是为初次参加会议的人准备的，方便他们了解之前的背景情况。如果每场会议都要介绍前提资料，这样做可能会令人感到冗长乏味。但是假如有新的参会者加入，就算会令其他了解详情的参会者感到重复，也要把前提资料包添加进去。

图5–26　构成资料群的几种资料包及其应用场合

◎ 必须添加
○建议添加
▲根据会议的形式选择是否添加

普遍的排列方式 →

资料包的种类	①摘要	②前提	③全景	④内容
	简单总结了目前在项目中探讨的要点。	记述了项目的目的、背景，以及本次会议在整个项目中的定位。	指出了整个项目的结构框架，本次会议定位于何处。	介绍了目前正在讨论的内容。通常页数最多。
会议类型：企划书介绍会	▲	◎	◎	▲
会议类型：项目初始会议	▲	◎	◎	▲
会议类型：研讨会	▲	○	◎	◎
会议类型：小型报告会	○	○	○	◎
会议类型：最终报告会	◎	◎	◎	○

普遍的排列方式 →

资料包的种类	⑤论点清单	⑥问答卡	⑦日程安排	⑧参考数据
	用大字号清楚分条罗列了需要讨论的事项。	预留了大片空白，方便参会者在会场做笔记。	记述了预定的日程和任务。	放入了和项目内容没有直接且深入关联的幻灯片。
会议类型：企划书介绍会	○	▲	○	▲
会议类型：项目初始会议	▲	▲	◎	○
会议类型：研讨会	◎	◎	○	○
会议类型：小型报告会	▲	▲	◎	▲
会议类型：最终报告会	▲	▲	○	▲

③ 全景

"全景"总结了论点的全景和验证任务，以及本次会议的定位等。假如没有添加全景资料包，参会者可能会对会议的定位感到疑惑："现在讨论的是整个项目的哪个部分？""之前讨论了什么？将要讨论什么？"结果导致讨论变得错综复杂。倘若参会者不是非常了解相关情形，就应添加全景资料包。

④ 内容

内容资料包由多张幻灯片组合而成，与本次会议的议题直接相关，包括说明性幻灯片、事实性幻灯片、启发性幻灯片等。一般而言，在整个资料群中内容资料包的页数最多。因此，内容资料包的整合方式及样式多种多样。说到会议资料，可能会有人误以为是内容资料包。然而只靠内容资料包是无法顺利展开讨论的，这点请大家务必注意。

⑤ 论点清单

"论点清单"是一种比较简单的资料包，幻灯片上用大字号明确介绍"今天的议题"、"需要反馈的事项"等。有些会议需要大家展开讨论或提供反馈意见，这种需要双方交流的会议尤其需要论点清单。有了论点清单就能明确会议的要点，避免讨论偏离正轨。

⑥ 问答卡

问答卡是为参会者设计的答题用纸，上面写有若干问题，要求参会者作答。为了让讨论按照预定的方向展开，我们需要"⑤论点清单"来引导方向。为了进一步让讨论内容符合会议设计者的期待，则需用到问答卡。通常情况下，问答卡会被提前派发给参会者，要求参会者在会议之前思考问答卡上的问题，然后在会议上讨论。

⑦ 日程安排

日程安排资料包包括具体日程和大致日程。具体日程是指本次会议之后立刻就要展开的工作计划；大致日程则设定了最终目标大概于何时完成等。因为企业活动是持续进行的，实际上没有所谓的"结束"，所以资料群最后一定要添加一份日程安排，明确交待包括自己在内的相关人员应于下次会议之前完成哪些工作。

⑧ 参考数据

有些幻灯片由于不符合故事线，所以无法放入④内容资料包。参考数据资料包汇集的就是这类幻灯片。按理说，既然是不符合故事线的幻灯片，就不该放入提案当中。然而，"毕竟是辛辛苦苦制作而成的"，"尽管与本次会议的目的无关，但是说不定会讨论到这些方面"。基于诸如此类的各种理由，提案中往往包含着这样一个"鸡肋"般的资料包。如果强行把它添加到④内容资料包中，可能会破坏整条故事线，影响读者的理解。因此，将其单独归纳为参考数据资料包为上策。

● 要点

整合资料群

1.为了实现会议目的而把所有必要的资料包整合在一起,这就是资料群。

2.资料群由8个资料包构成。

① 摘要:高度凝缩的提案内容。

② 前提:会议的背景及目的。

③ 全景:论点及验证任务的整体情况。

④ 内容:关于本次会议议题的说明、事实以及启发。

⑤ 论点清单:尤其需要强调的讨论事项。

⑥ 问答卡:用于引导参会者参与讨论的答题用纸。

⑦ 日程安排:日程表以及下次会议之前所需开展的行动项目。

⑧ 参考数据:虽然不符合故事线,但是有可能会用到的幻灯片。

第6章

最终章

STORY-6　方案的成功

● 最后的决战

　　这天，Precena咨询公司的平泉总监和户崎先生、川岛先生，上贺茂制作所的渡边副部长和中山先生，一行人再次来到塔里克丝公司。他们的心情都略微有些紧张，因为一会儿他们就要向塔里克丝公司的社长直接递交方案了。五个人默默地走进电梯，似乎为了缓解紧张的情绪，户崎先生说道："这次应该没有问题了。毕竟努力准备了那么久，事先专门收集了塔里克丝公司社长的相关信息，对他的性格已经有所了解。"

　　电梯直达最高层，走出电梯后，五人被引至董事会会议室。不一会儿，门开了。走进来的是一位身材高大的白发男人，白发男人身后就是坂本副社长。会议室的气氛顿时变得紧张起来。

　　"感谢大家专程远道而来，我是塔里克丝公司的社长野濑。"

　　待野濑社长与众人略做寒暄之后，渡边副部长开口说道："差不多到时间了，现在可以开始介绍我们的方案吗？"

　　野濑社长沉稳地点了点头："坂本和公司的年轻人已经跟我讲了大致的情况，我基本能明白你们的意思。这次还请为我具体地介绍一下。"

听了野濑社长的要求，中山先生于是开始进行讲解。

1. 背景回顾。

2. 硬件解决方案的目的。

3. 硬件解决方案的思路。

4. 概念解说。

5. 具体的商务活动。

6. 合作为塔里克丝公司带来的好处。

7. 合作的必要性。

8. 日程表及今后的工作项目。

9. 总结……今日讨论事项。

为了让商务文本便于理解，整体制作得相当简洁，总共在20页左右。提案的最后还附有一张"总结"，上面清晰地罗列了提案的重点事项。虽然只讲解了短短30分钟，可是对于户崎先生而言，却仿佛过了好几个小时。讲解结束之后，会议室陷入了短暂的沉默。不一会儿，野濑社长不疾不徐地说道："这个创意很棒，那就拜托诸位了。其实创立公司以来我一直坚持顾客至上的原则。可是最近我发现卖场的服务意识存在很大的问题。很明显，这个系统可以帮助我们提高销售额。更可贵的是它能为我们带来一个契机，提供给我们的卖场一个新的销售思路。如果能借此机会让员工重新思考顾客满意度这个对服务业来说最为重要的概念，想必会为公司带来极大的益处。"

紧接着，坂本副社长补充道："如同大家所了解的那样，我公司虽然发展得相当迅速，但是说实话，公司的理念未能充分渗透到销售现场。我们非常希望这次合作能显著改善销售人员的服务意识。今后我将作为我公司的对外窗口，选任合适的负责人来具体推进本次合作。"

野濑社长和坂本副社长站起身来，伸出了右手。

中山先生高兴得快要说不出话了："哪里哪里，还请贵公司多加关照。为了双方的长期合作，我们一定会努力做好。"参会者们纷纷互相握手。

如此这般，关于合作方面的交涉终于取得了良好的进展，接下来就该正式开展合作事宜了。中山先生心想：从明天开始一定要重新鼓足干劲、全力以赴。

而对于户崎先生来说，整个提案前前后后经历了太多的曲折，他深刻认识到要让提案通过是多么的困难。他打算重整旗鼓，吸取之前的经验教训，努力推进合作项目走向成功。

出版后记

无论在工作、学校还是在家庭中，几乎所有人都会在各种情况下提交各种方案。比如，在向顾客介绍公司产品时需要做出企划方案，证明公司的产品非常值得购买。在找工作时，向企业方展示自己的实力与能力，让企业有意愿录用自己，其实也是在提交方案。甚至向家人提议今年的家庭旅行的目的地，也是在提交方案。但是每当这个时候，我们都会不禁扪心自问：到底什么才算是一份优秀的方案？只要提交了，方案就会通过吗？

其实一份优秀的方案一定会具备两个条件，即对事物进行合理的思考和向对方准确传达方案的主旨。而想到达到这两个条件则需要提交方案的人具备4种基础能力——逻辑思考能力、验证假说能力、设计会议能力、制作商务文本能力。

本书作者高田贵久曾在Arthur D. Little和BCG等知名的咨询公司工作多年。作为一名职业咨询顾问，他在工作中提交过不计其数的方案，也熟知让方案快速得到认可的技巧。在工作中，他发现大多数人都认为提交了方案就会理所应当地通过，而一旦方案无法通过，就会将原因归咎于他人和环境。然而根本的原因却在于这些人并不知道如何制作一份好的方案并让其通过，即"缺乏提交方案的能力"。

在这本书中，作者巧妙地设计了一个虚构的故事。这个故事贯穿全书，我们不仅可以在书中感受到真实的咨询公司的工作氛围，还能够跟随故事的主人公的行动来分阶段性地体验提交方案的过程。当故事走向结局，合上这本书后，我们仿佛也经历了一场需要与客户公司不断磨合、克服各种困难的提交方案的"工作"。而解说部分则针对故事中发生的问题，详细地介绍解决方法，在总结部分则概括了每一章中的重点内容。通过这种形式确保大家能够牢牢掌握书中的提及4种基础能力和提交方案的技巧，并将之运用到实际工作当中。

希望读过这本书后，你能够掌握完美提交一份方案的能力，在工作中不断提出更优秀、更独特的想法，在职场上不断获得更大的成功。

服务热线：133-6631-2326　188-1142-1266

服务信箱：reader@hinabook.com

后浪出版公司

2018年3月

图书在版编目（CIP）数据

精准表达：让你的方案在最短的时间内打动人心 /（日）高田贵久著；宋晓煜译 . -- 南昌：江西人民出版社，2018.8（2025.3 重印）

ISBN 978-7-210-10433-9

Ⅰ . ①精… Ⅱ . ①高… ②宋… Ⅲ . ①口才学—通俗读物 Ⅳ . ① H019-49

中国版本图书馆 CIP 数据核字（2018）第 104464 号

LOGICAL PRESENTATION by Takahisa Takada
Copyright © Takahisa Takada, 2004
All rights reserved.
Original Japanese edition published by Eiji Press, Inc.
Simplified Chinese translation Copyright © 2018 by Ginkgo (Beijing) Book Co., Ltd.
The Simplified Chinese edition published by arrangement with Eiji Press, Inc., Tokyo, through HonnoKizuna, Inc., Tokyo, and BARDON Chinese Media Agency

版权登记号：14-2018-0122

精准表达：让你的方案在最短的时间内打动人心
JINGZHUN BIAODA: RANG NIDE FANG'AN ZAI ZUIDUAN DE SHIJIAN NEI DADONG RENXIN

作者：[日] 高田贵久　译者：宋晓煜
责任编辑：冯雪松　特约编辑：李雪梅　筹划出版：银杏树下
出版统筹：吴兴元　营销推广：ONEBOOK　装帧制造：墨白空间
出版发行：江西人民出版社　印刷：天津中印联印务有限公司
开本：889 毫米 × 1194 毫米　1/32　印张：9.25　字数：181 千字
版次：2018 年 8 月第 1 版　印次：2025 年 3 月第 15 次印刷
书号：ISBN 978-7-210-10433-9
定价：38.00 元
赣版权登字 -01-2018-389

后浪出版咨询(北京)有限责任公司　版权所有，侵权必究
投诉信箱：editor@hinabook.com　fawu@hinabook.com
未经许可，不得以任何方式复制或者抄袭本书部分或全部内容
本书若有印、装质量问题，请与本公司联系调换，电话 010-64072833

职场书面沟通完全指南

著　　者：[日]吉泽准特
译　　者：巩露霞
书　　号：978-7-210-09575-0
出版时间：2017年8月
定　　价：48.00元

70个速成技巧，手把手教你打造无往不胜的商务文本

　　开始制作PPT和Excel资料时感到毫无头绪，不知道该使用Word、PowerPoint还是Excel；终于做好了资料，却被上司"批评"看不懂、没重点；可能还会要求你修改制作好的商务文本，甚至重做……你是否也有过这样的经历？

　　本书作者是一名在外企咨询公司任职多年的咨询师，在工作中他制作过数万份以上的商务文本，积累了大量的经验，能够快速做出清晰易懂的商务文本，让客户瞬间了解并接受提案。在本书中，他总结了在制作商务文本的过程中会经常运用的方法和技巧，并将自己在参与人才培训时制作的注意事项清单加以完善。针对Excel、Word、PowerPoint这三个日常工作中经常使用的软件，归纳总结了70个"制作商务文本的速成法"。同时，这本书中的70个速成法按照构思商务文本的结构、制作草稿，以及完成最终的定稿这3个步骤来划分，既可以从头开始循序渐进地学习，也可以有针对性地重点学习想要提高的部分。

　　每天学习一个速成法，3个月变身制作商务文本的高手，让你的提案不再被说"NO"！

书面沟通的艺术

著　　者：[日]天野畅子
译　　者：何璐璇
书　　号：978-7-210-09834-8
出版日期：2017年12月
定　　价：38.00元

　　参考前辈制作的商务文本，无法得到上司的认可；阅读了大量如何制作商务文本的书籍，提交的方案却还是不能被采纳。相信一定有许多人都有过这样的苦恼。制作商务文本的最终目的是"让你的方案被采纳"，所以最重要的就是要打动上司、老板及客户的心，让你的方案成为他们眼中的出色选择。一份足够细致和优秀的商务文本，甚至不需要口头说明，就能让人立刻了解方案的重点。

　　资深企划咨询师天野畅子，30年来一直在媒体行业从事"表达"的工作，她不仅向客户提交过无数份商务文本，也站在决策者的立场上收到过大量的商务文本，深知"提案者"和"决策者"的心理。作者将多年来制作商务文本和选择商务文本的经验和精华浓缩成本书，只要掌握书中提到的5个重点和6个步骤，任何人都能快速制作出一份出色的商务文本，无论是企划方案、投标书还是宣传海报立刻就能被上司或客户采纳。

　　本书更提供了9个专业人士常用的技巧，不管是做PPT还是纸质资料，都能让你事半功倍。同时搭配了9个商务文本的实际案例，从预算报告到媒体新闻稿，帮你打造无往不胜的超强商务文本。

麦肯锡教我的写作武器

著　　者：[日]高杉尚孝
译　　者：郑舜珑
书　　号：978-7-550-21552-8
出版时间：2013年7月
定　　价：32.00元

职场人士必读的商务文案写作指南、前麦肯锡顾问高杉尚孝倾力之作

　　本书归纳了麦肯锡公司盛行数十年的经典写作方法，结合作者自创极具实用价值的思考表达技巧，一次性帮你完成商务文案写作的四大关键目标：

　　【逻辑思考】遇到问题思考周密严谨，不重复、不遗漏。利用读报纸、喝咖啡的时间激活思维，养成逻辑思考的习惯。

　　【流畅写作】搭建逻辑清晰、主次分明的结构框架。将金字塔结构和SCQOR故事展开法完美运用到商务报告与PPT简报中，一气呵成写出精彩文案。

　　【解决问题】一眼看出问题要害，迅速提升解决效率。运用高杉法先厘清问题类型，再提出相应解决方案，展现你的做事能力。

　　【超级说服力】逻辑思考，加上心理学技巧，一句话就让客户心动买单。优先传达"有用"信息，适时拿出替代方案，说服别人其实很简单。

　　本书根据作者高杉尚孝在麦肯锡管理咨询公司工作的丰富经验，详细介绍了世界一流公司的商务文案写作方法，是一本让你学会逻辑思考方法、提高写作能力的实用工具书。本书分为基础篇和实践篇两部分，结合实际案例，系统地介绍了运用逻辑思考，制作一份兼具逻辑力与明确表达力的精彩商务文案所需的诸多方法，如金字塔原理、MECE原则、分辨问题类型的高杉法、SCQOR故事展开法以及具体制作报告与简报的方法等，帮助你自动养成逻辑思考的习惯，五分钟就构思出一篇逻辑清晰、说服力十足的商务文案。